산학계몽 중
算學啓蒙 中

지은이 주세걸(朱世傑, 13C말~14C초)은 중국 원대(元代)의 수학자로서 자는 한향(漢卿), 호는 송정(松庭)이다. 산목(算木)을 사용하는 중국의 독자적 대수(代數)인 사원술(四元術)의 대성자이다. 저서로 『산학계몽(筭學啓蒙)』, 『사원옥감(四元玉鑑)』이 있다.

옮긴이 허민은 서울대학교 수학교육과를 졸업하고 미국 코네티컷대학교에서 박사학위를 받았다. 현재 광운대학교 수학과 교수이다. 저서로 『수학자의 뒷모습』이 있고, 역서로 『영부터 무한대까지』, 『수학의 위대한 순간들』, 『수학적 경험』 등이 있다.

산학계몽 중

2009년 2월 20일 1판 1쇄 인쇄
2009년 2월 26일 1판 1쇄 발행

지은이 _ 주세걸
옮긴이 _ 허민
펴낸이 _ 박성모
펴낸곳 _ 소명출판
등록 _ 제13-522호
주소 _ 137-878 서울시 서초구 서초동 1621-18 (란빌딩 1층)
대표전화 _ (02) 585-7840
팩시밀리 _ (02) 585-7848

somyong@korea.com | www.somyong.co.kr
ⓒ 2009, 한국학술진흥재단

값 15,000원

ISBN 978-89-5626-376-2 94410
ISBN 978-89-5626-374-8 (전3권)

산학계몽 중

筭學啓蒙 中

주세걸 지음 │ 허민 옮김

소명출판

◆ **일러두기** ▬▬▬▬▬▬▬▬▬▬▬▬▬▬▬▬▬▬▬▬▬▬▬▬▬▬▬▬▬▬▬▬▬▬▬▬

1. 다음 책에 실린 『산학계몽』 1299년 발간본을 번역 대본으로 삼았다.
   靖玉樹 編勘(1994), 『中國歷代算學集成』上, 山東 人民 出版社, 濟南.
   위 책에 있는 『산학계몽술의』와 국립중앙도서관의 원문 정보 DB에 있는 『산학계몽』 관련 5종
   의 자료(청구기호 : 한古朝66-18, 古718-13, 일산古718-5, 한古朝66-55, 한古朝66-2)를 활용했다.
2. 각 문(門)은 처음부터 차례로 번호 ❶, ❷, ❸, … 을 붙였다. 이에 따라 상권 첫째 문인 종횡인
   법문은 '중❶ 「전무형단문」'과 같이 참조하거나 인용했다. 그리고 중❶ 「전무형단문」의 셋째 문
   제에는 **중-1-3**과 같은 문항 번호를 부여했고, '문제 ≪중-1-3≫'과 같이 인용했다.
3. 일반적으로 다음과 같은 체제에 따라 편집했다.
   ☐☐☐☐☐(네모 박스) 안에 문항 번호(예 : **중-1-3**), 문제 번역문, 문제 원문 넣음
   답 → 답 번역문
   答曰 → 답 원문
   해법 → 풀이 번역문
   術曰 → 풀이 원문
   🍁 **역자 주해** : 해법에 대한 현대적인 용어와 기호를 이용한 설명과 주석
4. 원문의 주석(작은 글씨에 두 줄로 쓴 부분)은 모두 「…」 안에 넣어 표시했으며, 번역문에서도
   「…」와 같이 나타냈다.
5. 문제 또는 해법에는 원문의 이해를 돕기 위해 필요한 말을 […] 안에 넣기도 했다.

『산학계몽』 중은 7문(門)으로 구성되어 있으며, 71개의 문제가 실려 있다. 중권에서는 상권에 비해 훨씬 다양한 주제를 다루고 있는데, 그 내용은 다음과 같다.

● 전무형단문(田畝形段門) 16문제(十六問)

여러 가지 모양의 밭 넓이를 구하는데, 이는 여러 가지 평면도형의 넓이를 구하는 것과 같다. 직선으로 둘러싸인 정사각형, 직사각형, 사다리꼴, 삼각형 등의 넓이는 정확하게 구했지만, 정팔각형과 곡선으로 둘러싸인 도형의 경우는 근사값을 구하는 데 만족했다. 특히, 원의 넓이는 거의 모두 고법의 원주율 3을 이용해서 구했다. 마지막 문제에서는 고리모양 밭의 넓이를 고법, 휘술, 밀률에 따른 세 가지 원주율을 이용해서 구했다.

❷ 창돈적속문(倉囤積粟門) 9문제(九問)

여러 가지 모양의 창고나 곳집 또는 평지나 벽에 기대어 쌓은 곡식의 수량을 구하고 있다. 이에 따라 먼저 창고 또는 곳집의 부피를 구하는데, 이는 여러 가지 입체도형의 부피를 구하는 과정과 같다. 다면체의 경우에는 정확한 값을 구했지만, 곡면을 둘러싸인 도형의 경우에는 근사값을 구하는 데 만족했다. 특히, 원과 관련된 경우에는 고법의 원주율 3만 이용하고 있다. 마지막 문제에서는 원기둥의 부피와 높이로부터 원기둥의 둘레를 구한다.

❸ 쌍거호환문(雙據互換門) 6문제(六問)

여러 사람이 함께 여러 날 일하는 경우에 일하는 사람의 수와 일하는 날짜의 변화에 따라 얻는 결과의 변화를 계산하는 문제를 다룬다. 그리고 거리와 무게에 따른 운반비용을 계산하고 술을 만드는 곡물의 양을 구하는 문제도 있다. 제5문의 해법에 있는 저자의 주석에 있듯이, 금유술 또는 이승동제를 변형해서 사용하는데, 각 항이 몇 개의 수의 곱과 몫으로 나타나는 상황에 대응한다.

❹ 구차분화문(求差分和門) 9문제(九問)

값이 다른 두 물건을 합쳐서 일정한 수량 구매하고 일정한 값을 지불한 경우에 구매한 각 물건의 수량을 구하는 문제를 주로 다룬다. '구차분화'라는 방법이 이용되는데, 요즘은 연립 방정식을 세워서 해결하는 문제들이다. 약간 다른 형태의 연립 방정식에 대응하는 풀이가 요구되는 문제와 금유술(또는 이승동제)을 활용하는 문제 및 등차 수열과 관련된 문제도 다룬다.

❺ 차분균배문(差分均配門) 10문제(十問)

이번 문은 『구장산술』 제3권 「쇠분」에 대응하는데, 주어진 수량을 몇 명이 어떤 정해진 비율에 따라 분배하는 비례 배분과 관련된 문제를 다룬다. 특히, 등비 수열 및 등차 수열에 따라 분배하는 경우도 있다.

❻ 상공수축문(商功修築門) 13문제(十三問)

토목 공사와 관련된 문제를 다루는데, 제1문에서는 흙을 파내어 쌓아 두었을 때와 다졌을 때의 부피 사이의 관계를 알아본다. 다음 다섯 문제에서는 담, 성, 둑을 쌓거나 운하를 만드는 경우와 관련된 단면이 사다리꼴인 기둥의 부피를 구하고, 이의 역 문제를 알아보며, 이런 공사에 필요한 흙의 양과 인부의 수 등을 계산한다. 그 뒤 다섯 문제에서는 보도 또는 돈대와 관련된 정사각기둥, 원기둥, 정사각뿔대, 원뿔대, 정사각뿔의 부피를 구하고 있다.

제12문에서는 원뿔에서 밑면의 둘레와 높이가 주어졌을 때, 그 부피를 고법, 휘술, 밀률에 따라 구하고, 마지막 문제에서는 원 둘레를 계산하여 성의 외곽에 일정한 간격으로 설치한 시설물의 개수를 구한다.

❼ 귀천반율문(貴賤反率門) 8문제(八問)

이번 문에서는 『구장산술』 제2권 「속미」의 뒤쪽에 있는 '기율술(其率術)' 및 '반기율술(反其率術)'로 해결하는 문제를 다룬다. 기율술은 단가가 1문 차이나는 두 물건을 합쳐서 일정한 수량 구매하고 일정한 값을 지불한 경우에 구매한 각 물건의 수량을 구하는 문제에 적용된다. 그리고 반기율술은 1문에 구매할 수 있는 수량이 한 개(또는 한 단위) 차이나는 두 물건을 구매한 경우에 적용된다.

『산학계몽술의』에 있는 왕감의 「산학계몽술의 자서」와 「예언」, 김시진의 「중간산학계몽서」, 완원의 머리말, 나사림의 「산학계몽 후기」 및 『중국 역대산학집성(中國歷代算學集成)』 상(上)에 있는 「산학계몽 간술」을 번역해서 부록에 실었다.

2008년 6월
옮긴이

산학계몽 중 __ 차례

전무형단문 열여섯 문제

田畝形段門 十六問

　여기서는 16가지 모양의 밭 넓이를 구하는데, 이는 여러 가지 평면도형의 넓이를 구하는 것과 같다. 『구장산술』 제1권 「방전」에 나오는 정사각형, 직사각형, 이등변 삼각형, 사다리꼴, 원, 활꼴, 고리 모양의 밭 및 완전을 모두 다루었다. 『구장산술』에서 고리 모양의 밭은 고법만을 이용해서 넓이를 구했는데, 여기서는 고법, 휘술, 밀률에 따른 세 가지 원주율을 이용해서 넓이를 구했다. 그리고 『구장산술』에서 다루지 않은 직각 삼각형, 임의의 삼각형, 마름모, 팔각형, 엽전 모양의 밭과 둥근 연못이 가운데 있는 정사각형 모양의 밭의 넓이를 더 다루었다.

　여기서 직선으로 둘러싸인 정사각형, 직사각형, 사다리꼴, 삼각형 등의 넓이는 정확하게 구했지만, 팔각형과 곡선으로 둘러싸인 도형의 경우는 근사값을 구하는 것으로 만족했다.

　이 〈전무형단문〉에서 사용하는 길이의 단위는 '보'이고 넓이의 단위는 '무'이다. 이들 사이에 대한 자세한 내용은 상권 ≪0-11≫ 전무기율을 참조하라. 『신편산학계몽』에 있던 각 문제와 관련된 그림을 스캔해서 넣었다.

중-1-1. 지금 정사각형 밭이 한 떼기 있는데, 각 변이 96보다. 밭의 넓이는 얼마인가?

今有方田¹⁾一段 自方九十六步 問爲田幾何

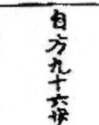

답　38.4 무

答曰　三十八畝四分

해법　96보를 놓고 제곱하여 얻은 9216보가 밭의 넓이다. 무법 240보로 이를 나누면, 문제에 맞는다.

術曰　列九十六步 自乘 得九千二百一十六步爲田積也 以畝法二百四十步除之 合問

🌸 **• 역자 주해 •**

이 문제에서는 정사각형 밭의 넓이를 구하고 있다. 정사각형의 넓이를 구하는 방법에 따라, 다음과 같이 한 변(자방)의 길이 96보를 제곱하여 넓이 9216제곱보를 얻고, 단위 사이의 관계인 무법 '1무 = 240제곱보'를 이용하여 넓이를 '무'로 나타냈다.

넓이 = (자방)^2 = (96보)^2 = 9216제곱보

$= (9216 \div 240)$무 = 38.4무 또는 38무 4푼

---

1) 방전(方田)은 정사각형과 직사각형의 밭을 모두 지칭하기도 하는데, 여기서는 정사각형의 밭만을 부르고 있다.

중-1-2. 지금 직사각형 밭이 한 떼기 있는데, 길이가 49보고 너비가 24보다. 밭의 넓이는 얼마인가?

今有直田一段 長四十九步 闊二十四步 問爲田幾何

답   4.9 무

答曰   四畝九分

해법 길이 49보를 놓고 너비 24보를 서로 곱하여 얻은 1176보가 밭의 넓이다. 무법 240보로 이를 나누면, 문제에 맞는다.

術曰   列長四十九步 以闊二十四步乘之 得一千一百七十六步爲田積 也 以畝法二百四十步除之 合問

🏵 ● 역자 주해 ●

이 문제에서는 직사각형 밭의 넓이를 구하고 있다. 직사각형의 넓이를 구하는 방법에 따라, 다음과 같이 길이(긴 변)와 너비(짧은 변)를 곱하여 넓이 1176제곱보를 얻고, 단위 사이의 관계 '1무 = 240제곱보'를 이용해서 넓이를 '무'로 나타냈다.

넓이 = 길이 × 너비 = 49보 × 24보 = 1176제곱보
= (1176 ÷ 240)무 = 4.9무 또는 4무 9푼

중-1-3. 지금 직각 삼각형 밭이 한 뙈기 있는데, 구「즉 너비」는 36보고 고「즉 길이」는 62보다. 밭의 넓이는 얼마인가?

今有句股田一段 勾三十六步「卽闊」股六十二步「卽長」問爲田幾何

답 　 4.65 무

答曰 　 四畝六分五釐

해법 　고의 길이 62보를 놓고 구의 너비 36보를 서로 곱한 다음에 반으로 나누어 얻은 1116보가 밭의 넓이다. 무법으로 이를 나누면, 문제에 맞는다.

術曰 　列股六十二步 以勾三十六步乘之 折半 得一千一百一十六步爲田積也 以畝法而一 合問

🏵 **· 역자 주해 ·**

　이 문제에서는 직각 삼각형 밭의 넓이를 구하고 있다. 직각 삼각형의 넓이를 구하는 방법에 따라 다음과 같이 직각을 낀 두 변의 길이의 곱의 반, 즉 구(직각을 낀 두 변 중에서 짧은 변)의 너비와 고(직각을 낀 두 변 중에서 긴 변)의 길이의 곱의 반을 구하여 넓이 1116제곱보를 얻고, 단위 사이의 관계 '1무 = 240제곱보'를 이용하여 넓이를 '무'로 나타냈다.

$$\text{넓이} = \text{구} \times \text{고} \div 2 = 36보 \times 62보 \div 2 = 1116제곱보$$
$$= (1116 \div 240)무 = 4.65무 \text{ 또는 } 4무 6푼 5리$$

중-1-4. 지금 사다리꼴 밭이 한 뙈기 있는데, 동
쪽 너비는 46보고 서쪽 너비는 86보며 길이는
125보다. 밭의 넓이는 얼마인가?

今有梯田一段 東闊四十六步 西闊八十六步 長一百二十五步 問爲
田幾何

답 　34.375 무

答曰 　三十四畝三分七釐半

해법 　동쪽 너비를 놓고 서쪽 너비를 더해서 반으로 나누어 얻은 66보
를 평균 너비라고 하자. 이에 길이를 곱하여 얻은 8250보가 밭의
넓이다. 무법으로 이를 나누면, 문제에 맞는다.

術曰 　列東闊 倂入西闊 半之 得六十六步爲停闊 以長步乘之 得八千
二百五十爲田積步 以畝法而一 合問

🌸 **• 역자 주해 •**

　이 문제에서는 사다리꼴 밭의 넓이를 구하고 있다. 사다리꼴의 넓이를
구하는 방법에 따라 다음과 같이 두 밑변의 길이의 합과 높이의 곱의 반,
즉 동쪽과 서쪽 너비의 합의 반을 길이와 곱하여 넓이 8250제곱보를 얻고,
단위 사이의 관계 '1무 = 240제곱보'를 이용하여 넓이를 '무'로 나타냈다.

넓이 = (동쪽+서쪽) ÷ 2 × 길이

　　 = (46보+86보) ÷ 2 × 125보 = 8250제곱보

　　 = (8250 ÷ 240)무 = 34.375무 또는 34무 3푼 7리 반

> **중-1-5.** 지금 이등변 삼각형 밭이 한 뙈기 있는
> 데, 길이는 93보고 너비는 34보다. 밭의 넓이
> 는 얼마인가?
>
> 今有圭田一段 長九十三步 闊三十四步 問爲田幾何

답   6.5875 무

答曰   六畝五分八釐七毫半

해법   길이 93보를 놓고 너비 34보를 이에 곱하고 반으로 나누어 얻은
1581보가 밭의 넓이다. 무법으로 나누면, 문제에 맞는다.

術曰   列長九十三步 以闊三十四步乘之 折半 得一千五百八十一爲田
積步 以畝法而一 合問

🌸 **• 역자 주해 •**

이 문제에서는 삼각형 밭의 넓이를 구하고 있다. 삼각형의 넓이를 구
하는 방법에 따라 다음과 같이 높이와 밑변의 길이의 곱의 반, 즉 길이
와 너비의 곱의 반을 구하여 넓이 1581제곱보를 얻고, 단위 사이의 관계
'1무 = 240제곱보'를 이용하여 넓이를 '무'로 나타냈다.

넓이 = 길이 × 너비 ÷ 2
    = 93보 × 34보 ÷ 2 = 1581제곱보
    = (1581 ÷ 240)무 = 6.5875무 또는 6무 5푼 8리 7호 반

중-1-6. 지금 원형 밭이 한 떼기 있는데, 둘레가
84보고 지름이 28보다. 밭의 넓이는 얼마인가?

今有圓田一段 周八十四步 徑二十八步 問爲田幾何

답   2.45 무

答曰   二畝四分五釐

해법 둘레 84보를 놓고 지름 28보를 이에 곱하면, 2352를 얻는다. 4로
        나누어 얻은 588을 무법으로 나누면, 문제에 맞는다.

術曰   列周八十四步 以徑二十八步乘之 得二千三百五十一 以四而一
        得五百八十八 爲田積步 以畝法而一 合問

❀ ● 역자 주해 ●

원형 밭의 둘레와 지름을 알 때, 그 밭의 넓이를 구하는 문제이다. 해
법에 제시된 과정은 다음과 같다.

넓이 = 둘레 × 지름 ÷ 4
    = 84보 × 28보 ÷ 4 = 588제곱보
    = (588 ÷ 240)무 = 2.45무

반지름의 길이가 r 인 원의 둘레 l 과 넓이 S 는 다음과 같다.
$l = 2\pi r$, $S = \pi r^2$

(여기서 π는 원주율이다.) 그러므로 위의 해법에 제시된 과정은 다음과 같이 정당하다.

$$S = 둘레 \times 지름 \div 4 = (2\pi r) \times (2r) \div 4 = \pi r^2$$

그런데 원의 둘레가 84보고 지름 28보라는 말에서, 고법에 따라 원주율을 3으로 택하고 있음을 알 수 있다. 실제로, '지름 × 원주율 = 둘레'이므로 다음을 얻는다.

$$원주율 = \frac{둘 레}{지름} = \frac{84}{28} = 3$$

사실, 이 문제에서는 조건을 중복해서 제시하고 있다. 즉, 원의 둘레 또는 지름만 알면 원의 넓이를 구할 수 있다. 아래의 두 문제 ≪중-1-7≫과 ≪중-1-8≫을 보라.

중-1-7. 지금 원형 밭이 한 뙈기 있는데, 둘레의 길이는 기록하지 않았다. 다만, 지름은 16보라고 한다. 밭의 넓이는 얼마인가?

今有圓田一段 不記周步 只云徑一十六步 問爲田幾何

답 0.8 무

答曰 八分

해법 16보를 놓고 제곱하면 256보를 얻는다. 3을 곱하고 4로 나누어 얻은 192가 밭의 넓이다. 무법으로 나누면, 문제에 맞는다.

術日 列一十六步 自乘 得二百五十六 三之四而一 得一百九十二爲 田積步 以畝法除之 合問

🌸 • 역자 주해 •

원형 밭의 지름을 알 때, 그 밭의 넓이를 구하는 문제이다. 해법에 제시 된 과정은 지름의 제곱에 $\frac{3}{4}$을 곱하는 방법으로 다음과 같다.

$$\begin{aligned}
\text{넓이} &= (\text{지름})^2 \times 3 \div 4 \\
&= (16\text{보})^2 \times 3 \div 4 = 256\text{제곱보} \times 3 \div 4 = 192\text{제곱보} \\
&= (192 \div 240)\text{무} = 0.8\text{무}
\end{aligned}$$

반지름의 길이가 r인 원의 넓이 S를 다음과 같이 나타낼 수 있다.

$$S = \pi r^2 = (2r)^2 \times \pi \div 4 = (\text{지름})^2 \times \pi \div 4$$

그러므로 이 해법에서는 고법에 따라 원주율을 3으로 택하고 있다.

중-1-8. 지금 원형 밭이 한 뙈기 있는데, 지름의 길이를 기록하지 않았다. 다만, 둘레는 54보라 고 한다. 밭의 넓이는 얼마인가?

今有圓田一段 不記徑步 只云周五十四步 問爲田幾何

답   1.0125 무

答曰   一畝一釐二毫半

해법   둘레 54보를 놓고 제곱하면 2916을 얻는다. 12로 이를 나누어 얻은 243보가 밭의 넓이다. 이를 무법으로 나누면, 문제에 맞는다.

術曰   列周五十四步 自乘 得二千九百一十六 以十二而一 得二百四十三步爲田積也 以畝法而一 合問

❀ ● 역자 주해 ●

원형 밭의 둘레를 알 때, 그 밭의 넓이를 구하는 문제이다. 해법에 제시된 과정은 둘레의 제곱을 12로 나누는 방법으로 다음과 같다.

넓이 = (둘레)^2 ÷ 12

       = (54보)^2 ÷ 12 = 2916제곱보 ÷ 12 = 243제곱보

       = (243 ÷ 240)무 = 1.0125무

반지름의 길이가 r 인 원의 넓이 S 를 다음과 같이 나타낼 수 있다.

$$S = \pi r^2 = (2\pi r)^2 \div (4\pi) = (지름)^2 \div (4\pi)$$

그러므로 이 해법에서도 원주율을 3으로 택하고 있음을 알 수 있다.

중-1-9. 지금 완전이 한 뙈기 있는데, 아래 둘레가 64보고 지름은 33보다. 밭의 넓이는 얼마인가?

今有畹田一段 下周六十四步 徑三十三步 問爲田幾何

답 2.2 무

答曰 二畝二分

해법 둘레 64보를 놓고 이에 지름 33보를 곱하면 2112를 얻는다. 이를 4로 나누면 528을 얻는데, 이것이 밭의 넓이다. 이를 무법 240보로 나눈다. 「완전과 와전은 원형 밭의 해법과 같다.」 문제에 맞는다.

術曰 列周六十四步 以經三十三步乘之 得二千一百一十二 以四而一 得五百二十八 爲田積步 以畝法二百四十步除之 「畹田窊田同圓田法一也」 合問

🌻 • 역자 주해 •

『구장산술』제1권「방전」의 제33문과 34문에서 완전을 다루고 있다. 완전(畹田)은 나지막하고 볼록한 둥근 언덕 모양의 밭이고, 와전(窊田)은 이와 반대로 오목한 모양의 밭이다. 해법의 각주에서 지적한 대로, 이런 모양의 밭의 넓이를 ≪중-1-6≫에서 제시한 원전의 넓이를 구하는 과정을 그대로 이용하고 있다.

넓이 = 둘레 × 지름 ÷ 4

= 64보 × 33보 ÷ 4 = 2112제곱보 ÷ 4 = 528제곱보

= (528 ÷ 240)무 = 2.2무

중-1-10. 지금 활꼴 밭[2]이 한 떼기 있는데, 시[3]의 너비는 14이고 현의 길이는 28보다. 넓이는 얼마인가?

今有弧田一段 矢闊一十四步 弦長二十八步 問爲田幾何

답   1.225 무

答曰 一畝二分二釐半

해법 현의 길이 28보를 놓고 시의 너비 14보를 더하면 모두 42보를 얻는다. 시의 너비 14보로 곱하고 반으로 나누면 294보를 얻는데, 밭의 넓이다. 무법 240보로 묶어주면, 문제에 맞는다.

術曰 列弦長二十八步 加入矢闊一十四步 共得四十二步 以矢闊一十四步乘之 折半 得二百九十四步 爲田積也 以畝法二百四十步約之 合問

🏵 · 역자 주해 1 ·

이 문제에서는 활꼴 밭이라고 했지만, 현과 시의 관계로부터 현이 지

---

2) 호와 현으로 둘러싸인 밭.
3) 활꼴에서 현의 중심과 호의 중심을 연결한 선분.

름이고 시가 반지름인 반원 모양의 밭을 다루고 있다.

시
14보

현 28보

해법에서 넓이를 구한 과정은 다음과 같이, 현이 밑변이고 윗변과 높이가 시인 사다리꼴의 넓이를 구하는 과정과 같다.

넓이 = {(현+시) × 시} ÷ 2

= {(28보+14보) × 14보} ÷ 2 = 294제곱보

= (294 ÷ 240)무 = 1.225무 또는 1무 2푼 2리 반

이는 반지름의 길이가 r인 반원의 넓이 S를 다음과 같이 나타낸 것과 같다.

$$S = (2r+r) \times r \div 2 = 3r^2 \div 2 = \pi r^2 \div 2$$

그러므로 이 해법은 고법에 따라 원주율을 3으로 택한 것과 같다.

• 역자 주해 2 •

오른쪽은 유휘가 『구장산술』 제1권 「방전」 제35, 36문의 활꼴 밭(弧田, 弧矢田) 문제에 대한 주석에서 제시했을 것이라고 청나라 산학자 대진(戴震, 1724~1777)이 추측한 그림이다.

유휘는 그 주석에서 반달 모양 밭의 넓이를 위의 해법에 제시된 방법에 따라 구한 값은 실제로는 오른쪽 그림에서 원에

내접하는 정12각형의 위쪽 반의 넓이라고 밝히고 있다. 이에 따라 실제의 넓이보다 작음을 밝히고 있다. 그리고 반달이 아닌 활꼴 밭의 경우에는 더 작은 값을 가진다고 밝히고 있다.

🌸 • 역자 주해 3 •
___

산학서에서는 통상 활꼴의 넓이를 사다리꼴의 넓이로 근사시킨다. 즉, 다음과 같이 밑변의 길이는 현의 길이와 같고, 윗변의 길이와 높이는 시의 너비와 같은 사다리꼴을 사용하고 있다.

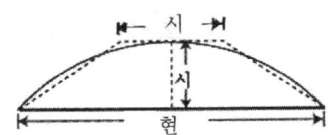

넓이 = (현+시) × 시 ÷ 2

중-1-11. 지금 엽전 모양의 밭이 한 뙈기 있는데, 바깥쪽 둘레는 108보고 안쪽의 연못은 한 변이 9보다. 밭의 넓이는 얼마인가?

今有錢田一段 外周一百八步 內池方九步 問爲田幾何

답 3.7125 무

答曰 三畝七分一釐二毫半

해법 바깥쪽 둘레를 놓고 제곱하면 1만 1664를 얻는다. 12로 이를 나누어 얻은 972보를 자리에 맡겨두자. 또, 연못의 한 변 9보를 제곱하면 81를 얻는다. 이를 맡겨둔 자리에서 빼고 남은 891이 밭의 넓이다. 무법 240보로 묶어주면, 문제에 맞는다.

術曰 列外周 自乘 得一萬一千六百六十四 以十二除之 得九百七十二步寄位 又列池方九步 自乘 得九十一 以減寄位 餘八百九十一 爲田積步 以畝法二百四十步約之 合問

🌸 **• 역자 주해 •**

엽전 모양의 밭, 즉 그 안에 정사각형 연못이 있는 원형 밭의 넓이를 구하고 있다. 원의 넓이는 문제 ≪중-1-8≫의 해법에서와 같이 원의 둘레를 제곱한 다음에 12로 나누어 구하고, 이로부터 정사각형의 넓이를 빼서 답을 구했다.

넓이 = (원의 넓이)−(정사각형의 넓이)

$$= \{(\text{둘레})^2 \div 12\} - (\text{자방})^2$$

$$= (108보)^2 \div 12 - (9보)^2 = 11664제곱보 \div 12 - 81제곱보$$

$$= 972제곱보 - 81제곱보 = 891제곱보$$

$$= (891 \div 240)무 = 3.7125무$$

중-1-12. 지금 정사각형 밭이 한 뙈기 있는데, 한 변은 84보다. 그 안에 있는 둥근 연못이 있고 둘레는 144보다. 밭의 넓이는 얼마인가?

今有方田一段 自方八十四步 內有圓池周一百四十四步 問爲田幾何

답 22.2 무

答曰 二十二畝二分

해법 84보를 놓고 제곱하여 얻은 7056보를 자리에 맡겨두자. 또, 연못 둘레의 길이를 놓고 제곱하면 2만 736을 얻고, 이를 12로 나누어 얻은 1728보는 연못의 넓이이다. 이를 맡겨둔 자리에서 뺀 나머지 5328이 밭의 넓이이다. 무법으로 이를 나누면, 문제에 맞는다.

術曰 列八十四步 自乘 得七千五十六步 寄位 又列池周步 自乘 得二萬七百三十六 以一十二而一 得一千七百二十八步 爲池積 以減寄位 餘五千三百二十八 爲田積步 以畝法除之 合問

❀ **· 역자 주해 ·**

☞ 역자 주해: 앞의 문제 ≪중-1-11≫에서 다룬 엽전 모양의 밭과 반대로, 바깥쪽 둘레는 정사각형이고 안쪽 연못의 둘레는 원 모양인 밭의 넓이를 구하고 있다. 다음과 같이, 정사각형의 넓이를 구한 다음에 원 둘레의 제곱을 12로 나누어 얻은 원의 넓이를 빼서 밭의 넓이를 구했다.

넓이 = (정사각형의 넓이) − (원의 넓이)

$= (자방)^2 − \{(둘레)^2 \div 12\}$

$= (84보)^2 − (144보)^2 \div 12 = 7056제곱보 − 20736제곱보 \div 12$

$= 7056제곱보 − 1728제곱보 = 5328제곱보$

$= (5328 \div 240)무 = 22.2무$

중-1-13. 지금 삼사전이 한 뙈기 있는데, 대사는 75보고 중사는 60보며 소사는 45보고 중고의 길이는 36보다. 넓이는 얼마인가?

今有三斜田一段 大斜七十五步 中斜六十步 小斜四十五步 中股長三十六步 問爲田幾何

답 5.625 무

答曰 五畝六分二釐半

해법 대사 75보를 놓고 중고의 길이 36보로 이에 곱하면 2700보를 얻는다. 그것을 반으로 나누면 1350을 얻고 밭의 넓이가 된다. 무법으로 이를 나누면, 문제에 맞는다.

術曰 列大斜七十五步 以中股長三十六步 乘之 得二千七百步 折半 得一千三百五十 爲田積步 以畝法而一 合問

🌸 • 역자 주해 •

삼사전은 임의의 삼각형 밭을 뜻한다.[4] 그런데 세 변의 길이가 75, 60, 45인 삼각형은 직각 삼각형이고, 직각인 꼭지점에서 빗변에 내린 수선의 길이는 36임을 알 수 있다. 이에 따라 주어진 삼사전의 넓이는 다음과 같이 두 가지 방법으로 구할 수 있다.

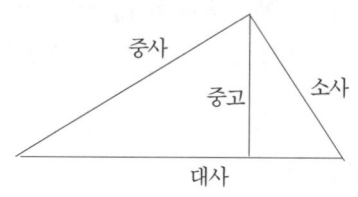

4) 孔國平(2000), 『李治朱世杰与金元數學』, 河北科學技術出版社, 329면.

넓이 = 중사 × 소사 ÷ 2(= 60보 × 45보 ÷ 2 = 2700제곱보 ÷ 2)

= 대사 × 중고 ÷ 2 [← 위의 해법에 제시된 과정]

= 75보 × 36보 ÷ 2 = 2700제곱보 ÷ 2 = 1350제곱보

= (1350 ÷ 240)무 = 5.625무

중-1-14. 지금 마름모꼴 밭이 한 뙈기 있는
데, 가운데 너비가 34보고 길이가 186보다.
밭의 넓이는 얼마인가?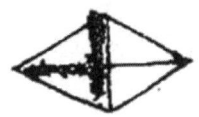

今有梭田[5]一段 中闊三十四步 長一百八十六步 問爲田幾何

답   13.175 무

答曰   一十三畝一分七釐半

해법   가운데 너비를 놓고 반으로 나누면 17보를 얻는다. 길이 186보
를 이에 곱하여 얻은 3162가 밭의 넓이다. 무법으로 나누면, 문
제에 맞는다.

術曰   列中闊折半 得一十七步 以長一百八十六步乘之 得三千一百六
十二 爲田積步 以畝法而一 合問

🌸 • **역자 주해** •

이 문제에서는 마름모꼴 밭의 넓이를 구하고 있다. 두 대각선의 길이

---

5) 베 짜는 북 모양의 밭.

가 주어진 마름모의 넓이를 구하는 방법에 따라 다음과 같이 두 대각선
의 길이의 곱의 반, 즉 가운데 너비의 반과 길이의 곱을 구하여 넓이
3162제곱보를 얻고, 단위 사이의 관계 '1무＝240제곱보'를 이용하여 넓
이를 '무'로 나타냈다.

넓이 ＝ (가운데 너비) ÷ 2 × (길이)
　　　＝ (34보 ÷ 2) × 186보 ＝ 3162제곱보
　　　＝ (3162 ÷ 240)무 ＝ 13.175무

중-1-15. 지금 방오사칠 팔각형 밭이 한 뙈기 있
다. 다만, 모든 변이 28보다. 밭의 넓이는 얼마
인가?

今有方五斜七八角田一段 只云每面濶二十八步 問爲田幾何

답　16무
答曰　一十六畝

해법 한 변 28보를 상위에 별도로 놓고 6배하여 길이라고 하자. 하위에
놓고 2배하여 너비라고 하자. 길이와 너비를 서로 곱하면 9408보
를 얻는다. 「이것은 2.45배의 넓이다」 이를 2.45로 나누어 얻은 3840이
밭의 넓이다. 이를 무법 240보로 나누면, 문제에 맞는다.

術曰 副置濶二十八步 上位 六之 爲長 下位 倍之 爲廣 乃長廣相乘
得九千四百八步 「乃是二箇四分半積」 以二箇四分半除之 得三千
八百四十 爲田積步 以畝法二百四十步除之 合問

'방오사칠'이란 정사각형에서 변의 길이와 대각선의 길이의 비1 : $\sqrt{2}$ 를 5 : 7로 근사시킨 것이다. 즉, $\sqrt{2}$ = 1.414…의 값으로 근사값 1.4을 이용한 것이다.

『손자산경』 상권에 다음과 같은 문구가 있다.[6]

정사각형에서 변과 대각선의 길이의 비는 5 : 7이다. 대각선의 길이를 알고 변의 길이를 구하려면 5를 곱하고 7로 나눈다. 변의 길이를 알고 대각선의 길이를 구하려면 7을 곱하고 5로 나눈다.

方五斜七 見斜求方 五之 七而一 見方求斜 七之 五而一

그리고 『손자산경』 중권 제14문과 『오조산경』 제1권 「전조(田曹)」 제11문에는 다음과 같이 이를 이용하여 정사각형 밭의 넓이를 구하고 있다.[7]

지금 정사각형 밭이 있는데, 뽕나무가 중앙에 있다. 꼭지점에서 뽕나무까지 147보일 때, 밭의 넓이는 얼마인가?

金有方田[8] 桑生中央 從角[9]至桑 一百四十七步 問爲田幾何

답 1경 83무 180보

答曰 一頃 八十三畝 奇一百八十步

해법 꼭지점에서 뽕나무까지의 거리 147보를 놓고, 2배 하면 294보를 얻는다. 이에 5를 곱하면 1470보를 얻고, 이를 7로 나누면 210보를 얻는다. 제곱하면 4만 4100보를 얻고, 이를 240보로 나누면 답을 얻는다.

---

6) 차종천 편(2006), 『산경십서 하』, 동양수학대계 II, 교우사, 46~47면.
7) 차종천 편(2006), 『산경십서 하』, 동양수학대계 II, 교우사, 154~155면.
8) 『오조산경』에는 '方田'이 '田'으로 나타나 있다.
9) 『오조산경』에는 '角'이 '隅'로 나타나 있다.

術曰 置角至桑一百四十七步 倍之 得二百九十四步 以五乘之 得一千四百
七十步 以七除之 得二百一十步 自相乘 得四萬四千一百步 以二百
四十步除之 卽得

역자 주해 2

해법에서 정팔각형의 밭 넓이를 구한 과정은 다음과 같다.

(넓이) = (변 × 6) × (변 × 2) ÷ 2.45

= (28보 × 6) × (28보 × 2) ÷ 2.45

= 168보 × 56보 ÷ 2.45

= 9408제곱보 ÷ 2.45 = 3840제곱보

= (3840 ÷ 240)무 = 16무

역자 주해 3

위의 해법에서 한 변의 길이가 a 인 정팔각형의 넓이 S 를 구한 공식은
다음과 같다.

$$S = \frac{6a \times 2a}{2.45}$$

이 공식이 나온 과정을 오른쪽 그림을 이용해서 설명하면 다음과 같다.
오른쪽 그림과 같이 정팔각형을 분할하자. 그러면 방오사칠의 가정에 의
해 귀퉁이에 나타낸 직각 이등변 삼각형의 한 변의 길이는 $\frac{5a}{7}$ 다. 이 직
각 이등변 삼각형 4개를 합치면 가운데에 있는 정사각형 하나가 된다. 그

러므로 주어진 정팔각형의 넓이는 세로가 $a+\dfrac{5}{7}a$고 가로가 $\dfrac{5}{7}a$인 직사각형 4개의 넓이와 같다. 즉 다음이 성립한다.

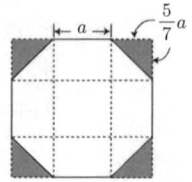

$$S=4\left(a+\frac{5}{7}a\right)\left(\frac{5}{7}a\right)=4\times\frac{12a}{7}\times\frac{5a}{7}=\frac{6a\times2a}{\dfrac{7\times7}{4\times5}}=\frac{6a\times2a}{2.45}$$

실제로, 한 변의 길이가 a인 정팔각형의 넓이 S는 다음과 같다.

$$S=(a+a\sqrt{2})-a^2=2(1+\sqrt{2})a^2$$

중-1-16. 지금 고리 모양의 밭이 한 뙈기 있는데, 바깥쪽 둘레는 144보고 안쪽 둘레는 54보며, 그 사이의 거리는 15보다. 고법과 휘술 및 밀률에 따른 이 밭의 넓이는 각각 얼마인가?

今有環田一段 外周一百四十四步 內周五十四步 實徑一十五步 問爲古徽密率田各幾何

답 고법 6.1875 무

휘술 5.9 무 $2\dfrac{124}{157}$ 보

밀률 5.9 무 $1\dfrac{11}{22}$ 보

答曰 古法 六畝一分八釐七毫半

徽術 五畝九分 二步 一百五十七分步之一百二十四

密率 五畝九分 一步 二十二分步之一十一

고법 안쪽과 바깥쪽 둘레를 더하고 반으로 나누면 99보를 얻는다. 그 사이의 거리 15보로 이에 곱하여 얻은 1485보가 밭의 넓이다. 무법으로 이를 나누면, 문제에 맞는다.

휘술 바깥쪽 둘레를 놓고 안쪽 둘레를 뺀 나머지를 반으로 나누면 45보를 얻는다. 또 50을 이에 곱하고, 157로 나누면 $14\frac{52}{157}$ 보를 얻는다. 이것이 휘경[10]이다. 분모를 곱하고 분자를 더하여 얻은 2250보를 위에 놓는다. 안쪽과 바깥쪽 둘레를 더하고 이를 반으로 나누면 99를 얻는다. 이를 위에 놓은 것에 곱하면 22만 2750을 얻는다. 분모 157로 나누어 얻은 $1418\frac{124}{157}$ 보가 밭의 넓이다. 무법으로 이를 나누면, 문제에 맞는다.

밀률 바깥쪽 둘레를 놓고 안쪽 둘레를 뺀 나머지를 반으로 나누면 45보를 얻는다. 7을 이에 곱하면 315를 얻고, 22로 나누면 $14\frac{7}{22}$ 보를 얻는다. 이것이 밀경[11]이다. 분모를 곱하고 분자를 더하여 얻은 315보를 위에 놓는다. 또 안쪽과 바깥쪽 둘레를 더하여 반으로 나누면 99를 얻는다. 이를 위에 있는 것에 곱하면 3만 1185를 얻는다. 22로 나누어 얻은 $1417\frac{11}{22}$ 보가 밭의 넓이다. 무법으로 이를 묶어주면, 문제에 맞는다.

古術曰 倂內外周 折半 得九十九步 以實徑一十五步乘之 得一千四百八十五步 爲田積步 以畝法除之 合問

徽術曰 內外周相減 餘半之 得四十五步 又五十乘之 以一百五十七而一 得一十四步 一百五十七分步之五十二 爲徽徑也 通分內子 得二

千二百五十 於上位 併內外周而半之 得九十九 以乘上位 得二
十二萬二千七百五十 以分母一百五十七而一 得一千四百一十八
步 一百五十七分步之一百二十四爲田積也 以畝法除之 合問

密率曰 內外周相減 餘半之 得四十五步 七之 得三百一十五 以二十二而
一 得一十四步 二十二分步之七 爲密徑也 通分內子 得三百一
十五 於上位 亦併內外周而半之 得九十九 以乘上位 得三萬一
千一百八十五 以二十二而一 得一千四百一十七步 二十二分步
之一十一爲田積也 以畝法除之 合問

❀ • 역자 주해 1 •

이 문제에서는 고리 모양 밭의 안쪽과 바깥쪽 둘레 및 그 사이의 거리
를 알 때, 그 밭의 넓이를 세 가지 방법, 즉 고법, 휘술, 밀률에 따라 구
하고 있다. 각 방법은 다음과 같다.

[1] 고법

다음과 같이 바깥쪽과 안쪽 둘레의 합의 반과 그 사이의 거리의 곱으
로, 고리의 넓이를 구한다.

$$넓이 = \frac{144보 + 54보}{2} \times 15보 = 1485제곱보$$

$$= (1485 \div 240)무 = 6.1875무 \text{ 또는 } 6무 \text{ } 1푼 \text{ } 8리 \text{ } 7호 \text{ } 반$$

고법에 의해 안쪽 원의 반지름을 r_1, 바깥쪽 원의 반지름을 R_1, 원주율을
π_1이라 하면, 안쪽 둘레는 $2\pi_1 r_1$이고 바깥쪽 둘레는 $2\pi_1 R_1$이며 그 사이의

32   산학계몽 중

거리는 R_1-r_1이다. 그러므로 위에서 구한 고리의 넓이 S_1은 다음과 같다.

$$S_1 = \frac{2\pi_1 R_1 + 2\pi_1 r_1}{2} \cdot (R_1 - r_1) = \pi_1 (R_1 + r_1)(R_1 - r_1)$$

$$= \pi_1 (R_1{}^2 - r_1{}^2) = \pi_1 R_1{}^2 - \pi_1 r_1{}^2$$

[2] 휘술

먼저, 바깥쪽 둘레와 안쪽 둘레의 차의 반에 $\frac{50}{157}$ 을 곱하여, 즉 휘술에서의 원주율 $\pi_2 = \frac{157}{50}$ 로 나누어 휘경을 구한다.

$$휘경 = \frac{144보 - 54보}{2} \cdot \frac{50}{157} = \frac{2250}{157}\ 보$$

이에 안쪽과 바깥쪽 둘레의 합의 반을 곱하여 고리의 넓이를 구한다.

$$넓이 = \frac{2250}{157}\ 보 \times \frac{144보 + 54보}{2} = \frac{222750}{157}\ 제곱보 = 1418\frac{124}{157}\ 제곱보$$

$$= 1416제곱보\ 2\frac{124}{157}\ 제곱보 = 5.9무\ 2\frac{124}{157}\ 제곱보$$

휘술에 의해 안쪽 원의 반지름을 r_2, 바깥쪽 원의 반지름을 R_2, 원주율을 π_2이라 하면, 안쪽 둘레는 $2\pi_2 r_2$이고 바깥쪽 둘레는 $2\pi_2 R_2$이며 그 사이의 거리는 $R_2 - r_2$이다. 그러므로 위에서 구한 고리의 넓이 S_2는 다음과 같다.

$$S_2 = \frac{2\pi_2 R_2 - 2\pi_2 r_2}{2} \cdot \frac{1}{\pi_2} \cdot \frac{2\pi_2 R_2 + 2\pi_2 r_2}{2} = \pi_2 (R_2 - r_2)(R_2 + r_2)$$

$$= \pi_2 (R_2{}^2 - r_2{}^2) = \pi_2 R_2{}^2 - \pi_2 r_2{}^2$$

[3] 밀률

먼저, 바깥쪽 둘레와 안쪽 둘레의 차의 반에 $\frac{7}{22}$ 을 곱하여, 즉 밀률에서의 원주율 $\pi_3 = \frac{22}{7}$ 로 나누어 밀경을 구한다.

$$밀경 = \frac{144보 - 54보}{2} \cdot \frac{7}{22} = \frac{315}{22} 보$$

이에 안쪽과 바깥쪽 둘레의 합의 반을 곱하여 고리의 넓이를 구한다.

$$넓이 = \frac{315}{22}보 \times \frac{144보 + 54보}{2} = \frac{31185}{22} 제곱보 = 1417\frac{11}{22} 제곱보$$
$$= 1416제곱보 \ 1\frac{11}{22} 제곱보 = 5.9무 \ 1\frac{11}{22} 제곱보$$

밀률에 의해 안쪽 원의 반지름을 r_3, 바깥쪽 원의 반지름을 R_3, 원주율을 π_3이라 하면, 안쪽 둘레는 $2\pi_3 r_3$이고 바깥쪽 둘레는 $2\pi_3 R_3$이며 그 사이의 거리는 $R_3 - r_3$이다. 그러므로 위에서 구한 고리의 넓이 S_3는 다음과 같다.

$$S_3 = \frac{2\pi_3 R_3 - 2\pi_3 r_3}{2} \cdot \frac{1}{\pi_3} \cdot \frac{2\pi_3 R_3 + 2\pi_3 r_3}{2} = \pi_3 (R_3 - r_3)(R_3 + r_3)$$
$$= \pi_2 (R_2{}^2 - r_2{}^2) = \pi_3 R_3{}^2 - \pi_3 r_3{}^2$$

❀ • 역자 주해 2 •
_____

문제에 제시된 고리의 안쪽 원의 반지름을 r, 바깥쪽 원의 반지름을 R,

원주율을 π라 하면, 안쪽 둘레는 $2\pi r = 54$이고 바깥쪽 둘레는 $2\pi R = 144$이며 그 사이의 거리는 $R - r = 15$이다. 그러므로 이것들 사이에서 다음을 얻는다.

$$2\pi R = 2\pi(r+15) = 2\pi r + 30\pi = 54 + 30\pi = 144,$$
$$30\pi = 90, \quad \pi = 3$$

그러므로 문제의 상황은 이미 원주율을 3으로 가정한 고법에 따라 설정되어 있다. 따라서 휘술과 밀률을 위한 좀 더 의미 있는 문제가 되기 위해서는 안쪽과 바깥쪽의 둘레의 길이만을 제시하거나 안쪽의 둘레와 두 둘레 사이의 거리만을 제시해야 할 것이다.

2

창돈적속문 아홉 문제

倉囤積粟門 九問

여기서는 여러 가지 모양의 창고나 곳집[1] 또는 평지나 벽에 기대어 쌓은 곡식의 수량을 구하고 있다. 이에 따라 먼저 창고 또는 곳집의 부피를 구하는데, 이는 여러 가지 입체도형의 부피를 구하는 과정과 같다. 『구장산술』제5권 「상공」에서 다룬 문제의 범위를 벗어나지 못하고 있으며, 『손자산경』, 『오조산경』, 『하후양산경』 등에서도 이와 비슷한 문제를 다루었다.

여기서 다면체의 경우에는 정확한 값을 구했지만, 곡면을 둘러싸인 도형의 경우에는 근사값을 구하는 데 만족했다. 특히, 원과 관련된 경우에는 원주율을 3(고법)만 이용하고 있다. 마지막 문제는 원기둥의 부피와 높이로부터 원기둥의 둘레를 구한다.

---

1) 규모가 작은 쌀 창고.

여기서 창고 또는 곳집의 부피는 단위 세제곱자로 구한다. 그리고 그 곳에 쌓을 수 있는 곡식의 수량을 단위 섬으로 나타내기 위해서 '섬법(斛法) 2자 5치'로 나눈다.

이에 따라 곡식 1섬의 부피를 2.5세제곱자로 계산하고 있다. 문제 ≪중-2-1≫의 해법에 있는 주석에서 '섬법 2자 5치'는 당나라 때의 것이며 시대에 따라 차이가 있다고 주석을 달고 있다. 실제로, 『구장산술』 제5권 「상공」 제23, 24, 25문의 풀이법에서는 다음과 같이 곡식의 부피를 계산하고 있다.

조(粟) :   1섬 = 2.7세제곱자
쌀(米) :   1섬 = 1.62세제곱자
콩 · 팥 · 깨 · 보리 :   1섬 = 2.43세제곱자

이에 관한 좀 더 자세한 『하후양산경』 상권 「섬의 비율이 같지 않음에 대한 지적(言斛法不同)」을 참조하라.[2]

중-2-1. 지금 [직육면체의] 창고가 한 곳 있는데, 길이가 3장 8자고 너비가 1장 2자 5치며 깊이는 1장 6자 4치다. 벼는 얼마인가?

今有倉一所 長三丈八尺 闊一丈二尺五寸 深一丈六尺四寸 問粟幾何

---

2) 차종천 편(2006), 『산경십서 하』, 동양수학대계 II, 교우사, 376~377면.

답   3116섬

答曰   三千一百一十六斛

해법   길이 3장 8자를 놓고, 너비로 이에 곱하면 475를 얻는다. 또, 깊이를 이에 곱하여 얻은 7790이 부피다. 섬법 2자 5치로 이를 묶는다. 「이것은 당나라 시대 섬법에 의한 것이다. 지금의 섬법으로 보면 다름이 있으니 각 왕조 시대의 자법은 같지 않기 때문에 정법으로 할 수 없다.」 문제에 맞는다.

術曰   列長三丈八尺 以闊乘之 得四百七十五 又以深乘之 得七千七百九十爲積尺也 以斛法二尺五寸約之 「此依唐時斛法 以今斛考之有異 緣錄各 朝代尺法不同不可爲正法也」 合問

🌸 **· 역자 주해 ·**

이 문제에서는 직육면체 창고의 부피를 구하고, 섬법을 이용해서 창고에 쌓을 수 있는 벼의 들이를 구하고 있다. 그 과정은 다음과 같다.

- [창고의 부피] 직육면체의 부피를 구하는 방법에 따라 길이(세로)와 너비(가로)와 높이를 곱하여 창고의 부피 V를 구한다.

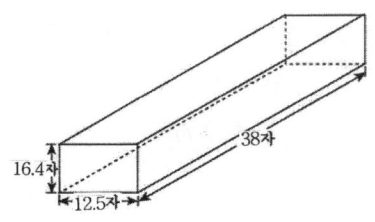

$V = (38자 × 12.5자) × 16.4자 = 475제곱자 × 16.4자 = 7790세제곱자$

원문에서는, 넓이의 단위 '제곱자'를 '자'로 나타냈듯이, 부피의 단위 '세제곱자'도 단지 '자'로 나타내고 있다.

- [벼의 들이] 섬법 '1섬 = 2.5세제곱자'에 따라 쌓을 수 있는 벼의 들이는 다음과 같다.

7790세제곱자 ÷ 2.5세제곱 / 섬 = 3116섬

중-2-2. 지금 평지에 벼를 쌓았다. 아래의 둘레가 3장 6자고 높이는 8자 6치다. 벼는 얼마인가?

今有平地聚粟 下周三丈六尺 高八尺六寸 問粟幾何

답　123섬 8말 4되

答曰　一百二十三斛八斗四升

해법　아래의 둘레를 놓고 제곱하면 1296자를 얻는다. 또, 높이로 이에 곱하면 1만 1145자 6치를 얻는다. 36으로 나누어 얻은 309자 6치가 부피다. 섬법으로 이를 묶으면 문제에 맞는다.

術曰　列下周 自乘 得一千二百九十六尺 又以高乘之 得一萬一千一百四十五尺六寸 以三十六除之 得三百九尺六寸爲積也 以斛法約之 合問

✿ • 역자 주해 •

　평지 위에 쌓은 쌀은 원뿔 모양을 이룬다고 가정하고 있다. 벼의 부피를 구하고 섬법으로 벼의 들이를 구하고 있다. 그 과정은 다음과 같다.

- [부피] 원뿔의 부피를 구하는 방법에 따라 다음과 같이 아래 둘레의 제곱과 높이의 곱을 36으로 나누어 벼의 부피 V를 구한다.

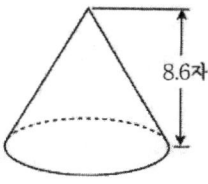

$$V = (36자)^2 \times 8.6자 \div 36 = 1236제곱자 \times 8.6자 \div 36$$
$$= 11145.6세제곱자 \div 36 = 309.6세제곱자$$

이 과정은, 고법에 따라 원주율이 $\pi_1 = 3$일 때 반지름이 r이고 (이에 따라 둘레가 $l = 2\pi_1 r = 6r$이고) 높이가 h인 원뿔의 부피 V를 다음과 같이 구하는 방법과 일치한다.

$$V = \frac{l^2 h}{36} = \frac{(2\pi_1 r)^2 h}{36} = \frac{4\pi_1^2 r^2 h}{12 \times 3} = \frac{\pi_1 r^2 h}{3}$$

- [들이] 섬법 '1섬 = 2.5세제곱자'에 따라 쌓인 벼의 들이는 다음과 같다.

$$309.6세제곱자 \div 2.5세제곱자 / 섬 = 123.84섬 = 123섬 \ 8말 \ 4되$$

중-2-3. 지금 [정사각기둥의] 창고가 한 곳 있는데, 밑면의 모서리는 2장 4자고 깊이는 1장이다. 벼는 얼마인가?

今有倉一所 自方二丈四尺 深一丈 問粟幾何

답 2304섬

答曰 二千三百四斛

해법 정사각형 바닥의 한 모서리를 놓고, 제곱하면 576자를 얻는다. 또, 깊이로 이에 곱하여 얻은 5760자가 부피다. 섬법으로 이를 나누면, 문제에 맞는다.

術曰 列方尺 自乘 得五百七十六尺 又以深乘之 得五千七百六十尺 爲積也 以斛法約之 合問

❀ • 역자 주해 •

이 문제에서는 정사각기둥, 즉 밑면이 정사각형인 직육면체 창고의 부피를 구하고, 섬법을 이용해서 이 창고에 쌓을 수 있는 벼의 들이를 구하고 있다. 그 과정은 다음과 같다.

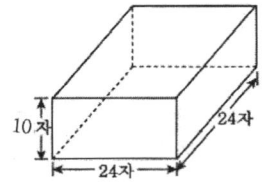

- [창고의 부피] 정사각기둥의 부피를 구하는 방법에 따라 밑면의 한 모서리 길이의 제곱과 높이를 곱하여 창고의 부피 V를 구한다.

$$V = (24자)^2 \times 10자 = 576제곱자 \times 10자 = 5760세제곱자$$

- [벼의 들이] 섬법 '1섬 = 2.5세제곱자'에 따라 쌓을 수 있는 벼의 들이는 다음과 같다.

$$5760세제곱자 \div 2.5세제곱자 / 섬 = 2304섬$$

중-2-4. 지금 벽에 기대어 벼를 쌓았다. 아래의 둘레가 1장 8자고 높이는 8자 4치다. 벼는 얼마인가?

今有倚壁聚粟 下周一丈八尺 高八尺四寸 問粟幾何

답 60섬 4말 8되

答曰 六十斛四斗八升

해법 아래의 둘레를 놓고 제곱하면 324자를 얻는다. 또, 높이로 이에 곱하면 2721자 6치를 얻는다. 18로 나누어 얻은 151자 2치가 부피다. 섬법으로 이를 묶으면 문제에 맞는다.

術曰 列下周 自乘 得三百二十四尺 又以高乘之 得二千七百二十一尺六寸 以十八而一 得一百五十一尺二寸爲積也 以斛法約之 合問

❀ **· 역자 주해 ·**

벽에 기대어 쌓은 쌀은 원뿔의 반과 같은 모양을 이룬다고 가정하고 있다. 벼의 부피를 구하고 섬법으로 벼의 들이를 구하고 있다. 그 과정은 다음과 같다.

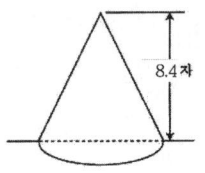

8.4자

- [부피] 원뿔 반의 부피를 구하는 방법에 따라 다음과 같이 아래 둘레(반원)의 제곱과 높이의 곱을 18로 나누어 벼의 부피 V를 구한다.

$$V = (18\text{자})^2 \times 8.4\text{자} \div 18 = 324\text{제곱자} \times 8.4\text{자} \div 18$$
$$= 2721.6\text{세제곱자} \div 18 = 151.2\text{세제곱자}$$

이 과정은, 고법에 따라 원주율이 $\pi_1 = 3$일 때 반지름이 r 이고(이에 따라 반원이 $l = \pi_1 r = 3r$이고) 높이가 h 인 원뿔의 부피의 반인 V 를 다음과 같이 구하는 방법과 일치한다.

$$V = \frac{l^2 h}{18} = \frac{(\pi_1 r)^2 h}{18} = \frac{\pi_1^2 r^2 h}{3 \times 2 \times 3} = \frac{1}{2} \cdot \frac{\pi_1 r^2 h}{3}$$

- [들이] 섬법 '1섬 = 2.5세제곱자'에 따라 쌓힌 벼의 들이는 다음과 같다.

151.2세제곱자 ÷ 2.5세제곱자 / 섬 = 60.48섬 = 60섬 4말 8되

중-2-5. 지금 벽의 모퉁이 안쪽에 벼를 쌓았다. 아래의 둘레가 9자 6치고 높이가 6자 2치다. 벼는 얼마인가?

今有內角聚粟 下周九尺六寸 高六尺二寸 問粟幾何

답　25섬 3말 9되 5홉 2작

答曰　二十五斛三㪷九升五合二勺

해법　아래의 둘레를 놓고 제곱하면 92자 1치 6푼을 얻는다. 또 높이로 이에 곱하면 571자 3치 9푼 2리를 얻는다. 9로 나누어 얻은 63자

4치 8푼 8리가 부피다. 섬법으로 이를 묶어주면 문제에 맞는다.

術曰 列下周 自乘 得九十二尺一寸六分 又以高乘之 得五百七十一
尺三寸九分二釐 以九而一 得六十三尺四寸八分八釐爲積也 以
斛法除之 合問

❀ **· 역자 주해 ·**

벽의 모퉁이 안쪽에 쌓은 쌀은 원뿔의 4분의 1과
같은 모양을 이룬다고 가정하고 있다. 벼의 부피를 구
하고 섬법으로 벼의 들이를 구하고 있다. 그 과정은
다음과 같다.

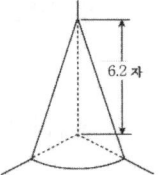

6.2 자

• [부피] 원뿔 4분의 1의 부피를 구하는 방법에 따라 다음과 같이
아래 둘레(사반원)의 제곱과 높이의 곱을 9로 나누어 벼의 부피
V를 구한다.

$$V = (9.6\text{자})^2 \times 6.2\text{자} \div 9 = 92.16\text{제곱자} \times 6.2\text{자} \div 9$$
$$= 571.392\text{세제곱자} \div 9 = 63.488\text{세제곱자}$$

이 과정은, 고법에 따라 원주율이 $\pi_1 = 3$일 때 반지름이 r이
고(이에 따라 사반원이 $l = \dfrac{\pi_1 r}{2} = \dfrac{3r}{2}$이고) 높이가 h인 원뿔의 부피
의 4분의 1인 V를 다음과 같이 구하는 방법과 일치한다.

$$V = \frac{l^2 h}{9} = \frac{\left(\dfrac{\pi_1 r}{2}\right)^2 h}{9} = \frac{\pi_1^2 r^2 h}{4 \times 3 \times 3} = \frac{1}{4} \cdot \frac{\pi_1 r^2 h}{3}$$

- [들이] 섬법 '1섬 = 2.5세제곱자'에 따라 쌓힌 벼의 들이는 다음과 같다.

  63.488세제곱자 ÷ 2.5세제곱자 / 섬 = 25.3952섬 = 25섬 3말 9되 5홉 2작

중-2-6. 지금 원기둥 모양의 곳집이 한 곳 있는데, 둘레가 1장 9자이고 높이는 8자 7치이다. 쌓을 수 있는 벼는 얼마인가?

今有圓囷一所 周一丈九尺 高八尺七寸 問粟幾何

답 104섬 6말 9되

答曰 一百四斛六斗九升

해법 둘레를 놓고, 제곱하면 361자를 얻는다. 또, 높이로 이에 곱하면 3140자 7치를 얻는다. 원법 12로 이를 나누어 얻은 261자 7치 2분 5리가 부피다. 섬법으로 이를 묶으면 문제에 맞는다.

術曰 列周 自乘 得三百六十一尺 又以高乘之 得三千一百四十尺七寸 以圓法十二而一 得二百六十一尺七寸二分半爲積也 以斛法約之 合問

❁ • 역자 주해 •

이 문제에서는 원기둥 모양 곳집의 부피를 구하고, 섬법을 이용해서

이 곳집에 쌓을 수 있는 벼의 들이를 구하고 있다. 그 과정은 다음과 같다.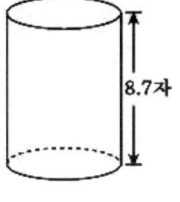

- [곳집의 부피] 둘레의 제곱과 높이의 곱을 12로 나누어 창고의 부피 V를 구한다.

$V = (19자)^2 \times 8.7자 \div 12 = 361제곱자 \times 8.7자 \div 12$
$= 3140.7세제곱자 \div 12 = 261.725세제곱자$

이 과정은, 고법에 따라 원주율이 $\pi_1 = 3$일 때 반지름이 r이고, 이에 따라 둘레가 $l = 2\pi_1 r = 6r$이고 높이가 h인 원기둥의 부피 V를 다음과 같이 구하는 방법과 일치한다.

$$V = \frac{l^2 h}{12} = \frac{(2\pi_1 r)^2 h}{12} = \frac{4\pi_1^2 r^2 h}{12} = \pi_1 r^2 h$$

- [벼의 들이] 섬법 '1섬 = 2.5세제곱자'에 따라 쌓을 수 있는 벼의 들이는 다음과 같다. [단, 1섬 = 10말 = 100되]

261.725세제곱자 $\div$ 2.5 = 104.69섬 = 104섬 6말 9되

중-2-7. 지금 정사각뿔대 모양의 창고가 한 곳 있는데, 위 모서리는 4자고 아래 모서리는 6자며 높이는 1장 2자다. 벼는 얼마인가?

今有方倉一所 上方四尺 下方六尺 高一丈二尺 問粟幾何

답 121섬 6말

答曰 一百二十一斛六斗

해법 위 모서리를 놓고 제곱하며, 아래 모서리도 또한 제곱한다. 또, 위와 아래 모서리를 서로 곱하고, 이 세 수를 서로 더하면 76자를 얻는다. 이에 높이를 곱하면 912자를 얻고, 3으로 나누어 얻은 304자가 부피다. 섬법으로 이를 묶으면 문제에 맞는다.

術曰 上方自乘 下方亦自乘 又上下方相乘 三位幷之 得七十六尺 以高乘之 得九百一十二尺 三而一 得三百四尺 爲積也 以斛法約之 合問

🌸 • 역자 주해 1 •

이 문제에서는 정사각뿔대 모양의 창고의 부피를 구하고, 섬법을 이용해서 이 창고에 쌓을 수 있는 벼의 들이를 구하고 있다. 해법에 제시된 과정은 다음과 같다.

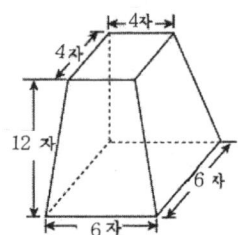

- [창고의 부피] 위 모서리의 제곱과 아래 모서리의 제곱 및 위와 아래 모서리의 곱의 합에 높이를 곱하고 3으로 나누어 곳집의 부피 V를 구한다.

$$V = (4^2 + 6^2 + 4 \times 6) \times 12 \div 3 = 76 \times 12 \div 3$$
$$= 912 \div 3 = 304(\text{세제곱자})$$

이 과정은, 위 모서리의 길이가 a이고 아래 모서리의 길이가

b이며 높이가 b인 정사각뿔대의 부피 V를 구하는 다음 공식과 일치한다.

$$V = \frac{h(a^2 + ab + b^2)}{3}$$

이 공식의 유도는 아래의 역자 주해 2와 3을 참조하라.

- [벼의 들이] 섬법 '1섬 = 2.5세제곱자'에 따라 쌓을 수 있는 벼의 수량은 다음과 같다.

304세제곱자 ÷ 2.5세제곱자 / 섬 = 121.6섬 = 121섬 6말

• 역자 주해 2 •

<정사각뿔대의 부피>

위 모서리의 길이가 a이고 아래 모서리의 길이가 b이며 높이가 b인 정사각뿔대의 부피 V를 구하는 공식을 유도하자. 정사각뿔대는 정사각뿔의 꼭대기 부분에서 작은 정사각뿔을 잘라내고 남은 입체도형으로 생각할 수 있다.

잘라낸 작은 정사각뿔 밑변의 한 모서리의 길이는 a이다. 오른쪽 그림과 같이 정사각뿔의 꼭지점을 지나는 단

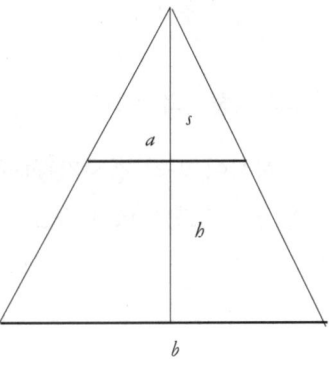

면에 있는 닮은 삼각형들 사이의 관계로부터, 잘라낸 작은 정사각뿔의 높이 s 를 다음과 같이 구할 수 있다.

$$s : a = (s+h) : b, \quad sb = a(s+h),$$
$$s(b-a) = ah, \quad s = \frac{ah}{b-a}$$

따라서 정사각뿔대의 부피 V 는 다음과 같다.

$$V = \frac{b^2(h+s)}{3} - \frac{a^2 s}{3} = \frac{b^2 h}{3} + \frac{(b^2 - a^2)s}{3}$$
$$= \frac{b^2 h}{3} + \frac{(b+a)(b-a)}{3} \cdot \frac{ah}{b-a}$$
$$= \frac{b^2 h}{3} + \frac{(b+a)ah}{3}$$
$$= \frac{h(a^2 + ab + b^2)}{3}$$

❀ • 역자 주해 3 •

정사각뿔대의 부피

산학서에 따라 정사각뿔대를 여러 개의 작은 입체도형으로 나누고, 작은 입체도형들의 부피를 더하여 전체 정사각뿔대의 부피를 구하기도 한다. 그 과정은 다음과 같다.

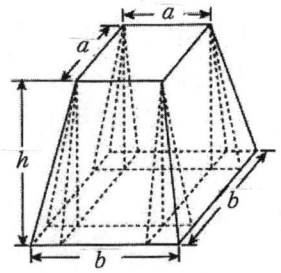

- 위 모서리를 지나고 밑면과 수직인 평면 4개로 주어진 정사각 뿔대를 자른다.
- 윗면이 밑면인 정사각기둥이 한 개 생기는데, 그 부피 V_1은 다음과 같다.

$$V_1 = (윗면의 넓이) \times (높이) = a^2 h$$

- 윗면의 각 모서리 옆으로, 직육면체를 옆으로 비스듬하게 자른 칼날 모양의 입체도형 4개가 생긴다. 그 네 입체도형을 두 개씩 엇갈려 붙여서 만든 직육면체의 부피 V_2는 다음과 같다.

$$V_2 = (위와 아래 모서리의 차) \times (위 모서리) \times (높이) = (b-a)ab$$

- 네 귀퉁이에 남은 밑면이 정사각형인 뿔 4개를 합친 정사각뿔의 부피 V_3은 다음과 같다.

$$V_3 = (밑면의 넓이) \times (높이) \div 3 = (b-a)^2 h \div 3$$

- 전체 정사각뿔대의 부피 V는 다음과 같다.

$$V = V_1 + V_2 + V_3 = a^2 h + (b-a)ab + (b-a)^2 h \div 3$$
$$= \frac{h}{3} \, 3a^2 + 3(b-a)a + (b-a)^2$$
$$= \frac{h}{3} \, 3a^2 + 3ba - 3a^2 + b^2 - 2ab + a^2$$
$$= \frac{h}{3} (a^2 + ab + b^2)$$

답   2016섬

答曰 二千一十六斛

해법 위의 둘레를 제곱하고, 아래 둘레도 또한 제곱하며, 위와 아래의 둘레를 서로 곱한다. 세 수를 더하면 9072자를 얻는다. 높이로 이에 곱하면 18만 1440을 얻는다. 36으로 나누면 5040자를 얻는다. 섬법으로 이를 묶으면 문제에 맞는다.

術曰 上周自乘 下周亦自乘 又上下周相乘 三位併之 得九千七十二尺 以高乘之 得一十八萬一千四百四十 以三十六而一 得五千四十尺 以斛法約之 合問

✿ • 역자 주해 1 •
_____

이 문제에서는 원뿔대 모양의 곳집의 부피를 구하고, 섬법을 이용해서 이 곳집에 쌓을 수 있는 벼의 들이를 구하고 있다. 해법에 제시된 과정은 다음과 같다.

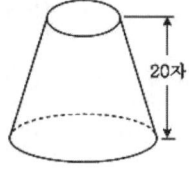

20자

- [곳집의 부피] 위 둘레의 제곱과 아래 둘레의 제곱 및 위와 아래 모서리의 곱의 합에 높이를 구하고 36으로 나누어 곳집의

부피 V를 구한다.

$$V = \{(36\text{자})^2 + (72\text{자})^2 + 36\text{자} \times 72\text{자}\} \times 20\text{자} \div 36$$
$$= 9072\text{제곱자} \times 20\text{자} \div 36$$
$$= 181440\text{세제곱자} \div 36 = 5040\text{세제곱자}$$

이 과정은, 고법에 따라 원주율이 $\pi_1 = 3$일 때 위 둘레의 길이가 l_1이고 아래 둘레의 길이가 l_2이며 높이가 h인 원뿔대의 부피 V를 구하는 다음 공식과 일치한다.

$$V = \frac{h\,(l_1^2 + l_1 l_2 + l_2^2)}{36}$$

이 공식의 유도는 아래의 역자 주해 2를 참조하라.

- [벼의 들이] 섬법 '1섬 = 2.5세제곱자'에 따라 쌓을 수 있는 벼의 들이는 다음과 같다.

5040세제곱자 $\div$ 2.5 = 2016섬

❀ • 역자 주해 2 •

원뿔대의 부피

위 면의 반지름이 r_1이고 아래 면의 반지름이 r_2이며 높이가 h인 원뿔대의 부피 V를 구하는 공식을 유도하자. 원뿔대는 원뿔의 꼭대기 부분에서 작은 원뿔을 잘라내고 남은 입체도형으로 생각할 수 있다.

잘라낸 작은 원뿔 밑변의 반지름은 r_1이다. 오른쪽 그림과 같이 원뿔의 꼭지점을 지나는 단면에 있는 닮은 삼각형들 사이의 관계로부터, 잘라낸 작은 원뿔의 높이 s를 다음과 같이 구할 수 있다.

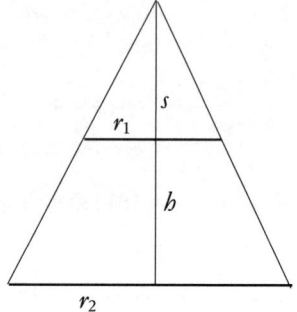

$$s : r_1 = (s+h) : r_2, \quad sr_2 = r_1(s+h),$$

$$s\,(r_2-r_1) = r_1 h, \quad s = \frac{r_1 h}{r_2 - r_1}$$

따라서 원뿔대의 부피 V는 다음과 같다.

$$\begin{aligned}
V &= \frac{\pi r_2^2 (h+s)}{3} - \frac{\pi r_1^2 s}{3} \\
&= \frac{\pi r_2^2 h}{3} + \frac{\pi (r_2^2 - r_1^2)s}{3} \\
&= \frac{\pi r_2^2 h}{3} + \frac{\pi (r_2 + r_1)(r_2 - r_1)}{3} \cdot \frac{r_1 h}{r_2 - r_1} \\
&= \frac{\pi r_2^2 h}{3} + \frac{\pi (r_2 + r_1) r_1 h}{3} \\
&= \frac{\pi h}{3} (r_1^2 + r_1 r_2 + r_2^2)
\end{aligned}$$

고법에 따라 원주율이 $\pi_1 = 3$일 때 위 면의 둘레가 $l_1 = 2\pi_1 r_1 = 6r_1$이고 아래 면의 둘레가 $l_2 = 6r_2$이므로, 위의 공식을 다음과 같이 쓸 수 있다.

$$\begin{aligned}
V &= \frac{\pi_1 h}{3}(r_1^2 + r_1 r_2 + r_2^2) = h\left\{ \frac{(6r_1)^2}{36} + \frac{(6r_1)(6r_2)}{36} + \frac{(6r_2)^2}{36} \right\} \\
&= \frac{h(l_1^2 + l_1 l_2 + l_2^2)}{36}
\end{aligned}$$

답   1장 9자

答曰   一丈九尺

해법   벼를 놓고, 섬법 2자 5치로 이에 곱하고 또 12를 곱하면 3140.7 자를 얻는다. 높이 8자 7치로 이를 나누면, 361을 얻고 실로 한다. 1을 염법으로 해서 이차 방정식을 풀면 둘레를 얻는다. 문제에 맞는다.

術曰   列米 以斛法二尺五寸乘之 又以十二乘之 得三千一百四十尺七寸 以高八尺七寸除之 得三百六十一爲實 以一爲廉法 平方開之 得周 合問

🏵 **• 역자 주해 •**

원기둥 모양의 곳집에 쌓인 벼와 곳집의 높이가 주어졌을 때, 곳집의 둘레를 구하는 문제이다. 그 과정은 다음과 같다.

- 벼의 수량을 환산하여 곳집의 부피 V 를 구한다.

$$V = 104.69섬 \times 2.5 = 261.725세제곱자$$

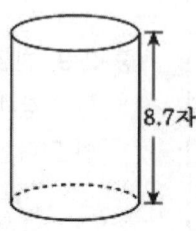

• 부피 V에 12를 곱한 다음에 곳집의 높이로 나누어 실을 얻는다.

$$261.725세제곱자 \times 12 = 3140.7세제곱자,$$
$$3140.7세제곱자 \div 8.7 = 361제곱자$$

• 상수항이 361이고 이차항의 계수가 1인 이차 방정식 $x^2 = 361$을 풀어서 곳집의 둘레 l를 구한다.

$$l = \sqrt{361\,제곱자} = 19자$$

위에서 곳집의 둘레 l은, 고법에 따라 원주율이 $\pi = 3$일 때 원기둥 모양인 곳집의 부피가 $V = \dfrac{l^2 h}{12}$ 이므로, 다음과 같이 계산한 것이다.

$$l = \sqrt{\frac{V}{h} \times 12}$$

3

쌍거호환문 여섯 문제

雙據互換門 六問

여기서는 복비례 문제를 다루는데, 여러 사람이 함께 여러 날 일하는 경우에 일하는 사람의 수와 일하는 날짜의 변화에 따라 얻는 결과의 변화를 계산하는 문제가 있다. 그리고 거리와 무게에 따른 운반비용을 계산하고 술을 만드는 곡물의 양을 구하는 문제도 있다. 문제 ≪중-3-5≫의 해법에 있는 저자의 주석에 있듯이, 쌍거호환문에서는 금유술 또는 이승동제를 변형해서 사용하는데, 각 항이 몇 개의 수의 곱과 몫으로 나타나는 상황에 대응한다.

중-3-1. 지금 베 짜는 일꾼 24명이 있으면 192일 동안 비단을 1152필 짠다. 62명이 360일 동안 비단을 짜려고 한다. 비단을 짜면 얼마인가?

今有織匠二十四人 一百九十二日 織錦一千一百五十二匹 欲令六十二人織三百六十日 問織錦幾何

답 5580필

答曰 五千五百八十匹

해법 360일을 놓고 이에 62명을 곱한다. 다시 짠 비단의 필수를 곱하여 얻은 2571만 2640을 실이라 하자. 192일을 놓고 이에 24명을 곱하여 얻은 4608을 법이라 하자. 실을 법으로 나누면, 문제에 맞는다.

術曰 列三百六十日 以六十二人乘之 又以織錦匹數乘之 得二千五百七十一萬二千六百四十爲實 列一百九十二日 以二十四人乘之 得四千六百八爲法 實如法而一 合問

🌸 • 역자 주해 •

위의 해법은 다음과 같다. 24명이 192일 동안 일하면, 즉 연인원이 (192 × 24)명이면 짤 수 있는 비단은 모두 1152필이다. 그러므로 62명이 360일 동안 일할 때, 즉 연인원이 (360 × 62)명일 때 짜는 비단이 x 필이라고 하면 다음 비례식이 성립한다.

$$192 \times 24 : 1152 = 360 \times 62 : x$$

따라서 구하는 값은 금유술 또는 이승동제의 방법에 따라 다음과 같다.

$$x = (360 \times 62 \times 1152) \div (192 \times 24) = 25712640 \div 4608 = 5580(\text{필})$$

중-3-2. 지금 베 짜는 일꾼이 12명 있으면 96일 동안 비단을 576필 짠다. 31명이 2790필을 짜려 한다. 며칠이면 끝내는가?

今有織匠一十二人 九十六日 織錦五百七十六匹 欲令三十一人織二千七百九十匹 問幾日畢

답　180일

答曰　一百八十日

해법　2790필을 놓고 96일을 곱한다. 다시 12명을 곱하여 얻은 321만 4080을 실이라 하자. 576필을 놓고 31명을 곱하여 얻은 1만 7856을 법이라 하자. 실을 법으로 나누면, 문제에 맞는다.

術曰　列二千七百九十匹 以九十六日乘之 又以十二人乘之 得三百二十一萬四千八十爲實 列五百七十六匹 以三十一人乘之 得一萬七千八百五十六爲法 實如法而一 合問

❀ **• 역자 주해 •**
_____

위의 해법은 다음과 같다. 비단을 576필 짜려면 12명이 96일 동안 일하면, 즉 연인원이 (96 × 12)명이면 된다. 그러므로 비단을 2790필 짜기 위해 31명이 x일 동안 일해야 한다면 다음 비례식이 성립한다.

$$576 : 96 \times 12 = 2790 : 31 \times x$$

따라서 구하는 값은 금유술 또는 이승동제의 방법에 따라 다음과 같다.

$$x = (1790 \times 96 \times 12) \div (576 \times 31) = 3214080 \div 17856 = 180(\text{일})$$

중-3-3. 지금 베 짜는 일꾼이 12명 있으면 96일 동안 비단을 576필 짠다. 지금 180일 동안 2790필을 짰다. 베 짜는 일꾼은 몇 명인가?

今有織匠一十二人 九十六日 織錦五百七十六匹 今一百八十日 織二千七百九十匹 問織匠幾何

답   31명

答曰   三十一人

해법   2790필을 놓고 이에 96일을 곱한다. 다시 12명을 곱하여 얻은 321만 4080을 실이라 하자. 180일을 놓고 이에 576필을 곱하여 얻은 10만 3680을 법이라 하자. 실을 법으로 나누면, 문제에 맞는다.

術曰   列二千七百九十匹 以九十六日乘之 又以十二人乘之 得三百二十一萬四千八十爲實 列一百八十日 以五百七十六匹乘之 得一十萬三千六百八十爲法 實如法而一 合問

위의 해법은 다음과 같다. 비단을 576필 짜려면 96일 동안 12명이 일하면, 즉 연인원이 (96×12)명이면 된다. 그러므로 2790필을 짜려면 180일 동안 x명이 짠다고 하면 다음 비례식이 성립한다.

$$576 : 96 \times 12 = 2790 : 180 \times x$$

따라서 구하는 값은 금유술 또는 이승동제의 방법에 따라 다음과 같다.

$$x = (2790 \times 96 \times 12) \div (576 \times 180) = 3214080 \div 103680 = 31(명)$$

중-3-4. 지금 소금 굽는 일꾼 9명이 있으면 7일 동안 소금을 55인 50근 굽는다. 지금 일꾼을 185명 더 써서 48일 동안 굽는다. 얻는 소금은 얼마인가?

今有鹽丁九人 七日煎鹽五十五引五十斤 今增一百八十五人 煎四十八日 問得鹽幾何

답　8148인

答曰　八千一百四十八引

해법　185명을 놓고 9명을 더하여 194명을 얻는다. 이에 48일을 곱한다. 다시 55인 1푼 2리 반을 곱한다. 「인 아래의 값은 400근으로 나눈 것이다.」 이렇게 얻은 51만 3324를 실이라 하자. 9명을 놓고 7일을 곱하여 얻은 63을 법이라 하자. 실을 법으로 나누면, 문제에 맞는다.

術曰 列一百八十五人 搭入九人 得一百九十四人 以四十八日乘之 又以五十五引一分二釐半乘之 「引下分者乃四百斤約之」 得五十一 萬三千三百二十四爲實 列九人 以七日乘之 得六十三爲法 實 如法而一 合問

🌸 **• 역자 주해 •**

_____

위의 해법은 다음과 같다. 9명이 7일 동안 일하면, 즉 연인원이 (9×7) 명이면, 다음과 같은 소금을 얻는다.

55인 50근 = 55인 $(50 \div 400)$인 = 55인 0.125인 = 55.125인

그러므로 194명$(=$9명$+$185명$)$이 48일 동안 일할 때, 즉 연인원이 (194×48)명일 때의 얻는 소금이 x인이라고 하면 다음 비례식이 성립한다.

$9 \times 7 : 55.125 = 194 \times 48 : x$

따라서 구하는 값은 금유술 또는 이승동제의 방법에 따라 다음과 같다.

$x = (194 \times 48 \times 55.125) \div (9 \times 7) = 513324 \times 63 = 8148($인$)$

중-3-5. 지금 배에 물건을 싣는다. 500근의 물건을 싣고 80리 가는 비용이 150문이다. 지금 8만 6000근의 물건을 싣고 3400리를 가려 한다. 주어야 할 운임은 얼마인가?

今有船載物 裝重五百斤 行路八十里 脚錢一百五十文 今載八萬六千斤 欲行三千四百里 問與脚錢幾何

답 1096관 500문

答曰 一千空九十六貫五百文

해법 8만 6000근을 놓고 이에 3400리를 곱한다. 다시 이에 150문을 곱해서 얻는 438억 6000만을 실이라고 하자. 또, 500근을 놓고 이에 80리를 곱해서 얻은 4만을 법이라고 하자. 실을 법으로 나누면, 문제에 맞는다. 「쌍거호환의 방법은 학자들이 거의 모른다. 곱하고 나누는 이치는 앞의 문제 베 짜기의 세 해법의 반복 환원으로 갖추어질 것이다. 이 문제는 소금 굽는 것과 뜻이 같고 금유술이나 수레를 빌려 길을 가는 것과 같은 종류이다. 따라서 자세한 증거로부터 계산하는 자를 연습시키면 의심이 없을 것이다.」

術曰 列八萬六千斤 以三千四百里乘之 又以一百五十文乘之 得四百三十八億六千萬爲實 又列五百斤 以八十里乘之 得四萬爲法 實如法而一 合問 「雙據互換之法學者少識 所乘所除之理前問織錦三術返復還源備矣 此問與煎鹽義同而 令有之及雇車行道相類也 故引草證使習筭者無疑矣」

🌸 ● 역자 주해 ●

위의 해법은 다음과 같다. 운반비는 무게와 거리에 모두 정비례한다고 가정한다. 500근을 80리 가는 운반비가 150문이므로, 86000근을 3400리 가는 운반비를 x 문이라고 하면 다음 비례식이 성립한다.

$$500 \times 80 : 150 = 86000 \times 3400 : x$$

따라서 구하는 값은 금유술 또는 이승동제의 방법에 따라 다음과 같다.

$$x = (86000 \times 3400 \times 150) \div (500 \times 80) = 43860000000 \div 40000 = 1096500(문)$$
$$= 1096관 500문$$

중-3-6. 지금 기장 1섬 5말을 가지면 쌀 8말 4되로 바꾼다. 쌀 4말 5되로 술 7말 8되를 만든다. 지금 술 25섬 7$\frac{17}{75}$말을 만들려면, 사용되는 기장은 얼마인가?

今有黍一碩五斗 變米八斗四升 每米四斗五升造酒七斗八升 今欲造酒二十五碩七斗七十五分斗之一十七 問用黍幾何

답 26섬 5말

答曰 二十六碩五斗

해법 25섬 7말을 놓고 분모와 곱해서 분자 17과 더하면, 1만 9292를 얻는다. 이에 1섬 5말을 곱하고 또다시 4말 5되를 곱하여 얻은 130만 2210을 실이라고 하자. 쌀 8말 4되를 놓고 이에 술 7말 8되를 곱한다. 또다시 이에 분모 75를 곱하여 얻은 4914를 법이라고 하자. 실을 법으로 나누면, 문제에 맞는다.

術曰 列二十五碩七㪷 通分內子 一十七 得一萬九千二百九十二 以
一碩五㪷乘之 又以四㪷五升乘之 得一百三十萬二千二百一十
爲實 列米八㪷四升 以酒七㪷八升乘之 又以分母七十五乘之
得四千九百一十四爲法 實如法而一 合問

🌸 **• 역자 주해 •**

위의 해법은 다음과 같다. 쌀 4말 5되로 술 7말 8되를 만들고 기장 1섬
5말을 쌀 8말 4되와 바꾸므로, 기장 1섬 5말로 만들 수 있는 술의 양은 7말
8되 $\times \dfrac{8말 \ 4되}{4말 \ 5되}$ 다. 이에 따라 술 (7.8×8.4)말을 만들려면 기장이 (15×4.5)
말이 필요하므로, 술 25섬 $7\dfrac{17}{75}$ 말 $= 257\dfrac{17}{75}$ 말 $= \dfrac{19292}{75}$ 말을 만드는 데
필요한 기장이 x 말이라고 하면 다음 비례식이 성립한다.

$$7.8 \times 8.4 : 15 \times 4.5 = \frac{19292}{75} : x$$

따라서 구하는 값은 금유술 또는 이승동제의 방법에 따라 다음과 같다.

$x = (19292 \times 15 \times 4.5) \div (8.4 \times 7.8 \times 75) = 1302210 \div 4914 = 265(말) = 26$
    섬 5말

구차분화문 아홉 문제

求差分和門 九問

　여기서는 아래에서 설명할 '구차분화'의 방법으로 활용하는 문제로, 값이 다른 두 물건을 합쳐서 일정한 수량 구매하고 일정한 값을 지불한 경우에, 각 물건의 수량을 구하는 문제를 주로 다룬다. 요즘은 연립 방정식을 세워서 해결하는 문제들이다. 약간 다른 형태의 연립 방정식에 대응하는 풀이가 요구되는 문제와 금유술(또는 이승동제)을 활용하는 문제 및 등차 수열과 관련된 문제도 약간씩 다룬다.

구차분화

『산학입문』에서는 구차분화를 다음과 같이 설명하고 있다.[1]

구차분화(求差分和)
[주: 양휘법에서 말하는 이율분신이다. 2는 달리 쌍이라고도 한다.]
[楊輝法謂之二率分身 二亦作雙]

차분화합법이란 더욱 정교하다.　비싼 값을 먼저 총수에 곱하고
총액에서 지금의 수를 뺀다.　　나머지를 실로 하는 것은 확실하구나.
별도로 두 값을 서로 빼어　　　이때 남은 돈을 법으로 하여
나누면 먼저 값싼 물건이 되고　스스로 나머지 값비싼 물건도 이루어진다.
[주 : 달리 말하여 화합차분이다.]

差分和合法尤精　高價先乘共物情
却用都錢減今數　餘留爲實甚分明
別用二價也相減　用此餘錢爲法行
除了先爲低物價　自餘高價物方成
[一云和合差分]

　위의 설명을 두 가지 물건 A와 B를 이용해서 예시해 보자. A와 B를 합쳐서 p 개 산다고 하자. 값싼 물건 A 한 개의 값은 a 원이고, 값비싼 물건 B 한 개의 값은 b 원이며($a < b$), 전체의 값은 q 원이라고 하자. 위의 설명에 따라서 A와 B의 개수를 구하면 다음과 같다.

---

　1) 황윤석 저, 강신원·장혜원 역(2006), 『산학입문』, 이수신편 제21권, 교우사, 171면. 한편, 구차분화를 설명한 칠언시는 다음에 있는 『상명산법』에서 찾아볼 수 있다. 靖玉樹 編勘(1994), 『中國歷代算學集成 上』, 山東 人民 出版社, 濟南, 1605면.

(*A*의 개수) = (*bp* − *q*) ÷ (*b* − *a*),

(*B*의 개수) = *p* − (*A*의 개수) [= (*q* − *ap*) ÷ (*b* − *a*)]

이 해법은, *A*의 개수를 *x*, *B*의 개수를 *y* 라 하고 다음과 같이 연립 일차 방정식을 세워서 답을 구한 결과와 같다.

$x + y = p$ ······①

$ax + by = q$ ······②

①× *b*   : $bx + by = bp$ ······③

③−②   : $(b − a)x = bp − q$ ······④

④÷(*b*−*a*) : $x = (bp − q) ÷ (b − a)$ ······⑤

①-⑤   : $y = (q − ap) ÷ (b − a)$

$$\begin{pmatrix} a & 1 \\ b & 1 \\ q & p \end{pmatrix} \rightarrow \begin{pmatrix} a & b \\ b & b \\ q & bp \end{pmatrix} \rightarrow$$

$$\begin{pmatrix} a & b-a \\ b & 0 \\ q & bp-q \end{pmatrix} \rightarrow \begin{pmatrix} a & 1 \\ b & 0 \\ q & \dfrac{bp-q}{b-a} \end{pmatrix}$$

오른쪽에 함께 나타낸 행렬 계산은, 『구장산술』 제8권 「방정」에서와 같이 각 일차 방정식의 계수를 한 행[2])에 나타내어 확대 계수 행렬을 만들고, (현재의 용어로) 기본 행 연산을 통해 답을 구한 과정이다. 이를 통해서 화합차분(구차분화)은, 『구장산술』 제8권 「방정」에서 제시한 방법으로 풀 수 있지만, 미지수가 2개인 특수한 경우에 간편하게 답을 구하기 위해 고안된 것으로 보인다.

저자는 "비싼 값을 먼저 총수에 곱하고"가 아니라 "싼 값을 먼저 총수에 곱하고" 진행하는 해법을 제시하기도 한다. 또, 방정식으로 나타내면 '*ax* = *by*' 꼴이 포함되는 연립 방정식의 풀이에 대응하는 해법도 이용하고 있다.

---

2) 현재 열이라고 부르는 것을 『구장산술』에서는 행이라 부르고 있다.

중-4-1. 지금 닭과 토끼가 100마리 있는데, 다리는 모두 272개이다.
다만, 닭의 다리는 둘이고 토끼의 다리는 넷이라고 한다. 닭과 토
끼는 각각 몇 마리인가?

今有鷄免一百 共足二百七十二隻 只云鷄足二免足四 問鷄免各幾何

답 닭 64마리

토끼 36마리

答曰 鷄六十四隻

免三十六隻

해법 100에 토끼의 다리 4를 곱하여 얻은 수에서 다리의 총수를 뺀
나머지 128을 실이라고 하자. 닭과 토끼의 다리 수를 놓고 작은
것을 큰 것에 뺀 나머지 2를 법으로 하여 나누면 닭의 수를 얻
는다. 또 100에서 빼면 토끼의 수로, 문제에 맞는다.

術曰 列一百 以免足四乘之 得數 內減共足 餘一百二十八 爲實 列鷄
免足 以少減多 餘二 爲法 而一 得鷄 反減一百 卽免 合問

별해 100을 2배하여 다리의 총수에서 뺀 나머지를 2로 나누면 토끼의
수이다.

又術 倍一百 以減共足 餘半之 卽免也

🌸 · 역자 주해 1 ·

위의 해법에서는 앞에서 제시한 구차분화 또는 화합차분법에 따라 문
제를 풀고 있다. 닭(A)과 토끼(B)를 합쳐서 $p = 100$마리 있는데, 닭의 다리
는 $a = 2$개이고 토끼의 다리는 $b = 4$개이며($a < b$), 다리 전체는 $q = 272$개

다. 그러므로 다음을 얻는다.

$$(\text{닭의 마리 수}) = (bp - q) \div (b - a)$$
$$= (4 \times 100 - 272) \div (4 - 2) = 128 \div 2 = 64,$$
$$(\text{토끼의 마리 수}) = p - (\text{닭의 마리 수}) = 100 - 64 = 36$$

🌸 • 역자 주해 2 •

  별해에서는 앞에서 제시한 화합차분법의 "비싼 값을 먼저 총수에 곱하고"가 아니라 "싼 값을 먼저 총수에 곱하고" 있는데, 역자 주해 1의 기호를 이용하면 다음과 같이 답을 구하고 있다.

$$(\text{토끼의 마리 수}) = (q - ap) \div (b - a)$$
$$= (272 - 2 \times 100) \div (4 - 2) = 72 \div 2 = 36,$$
$$(\text{닭의 마리 수}) = p - (\text{토끼의 마리 수}) = 100 - 36 = 64$$

> **중-4-2.** 지금 돈이 29관 687문 5푼 있는데, 밀과 납³⁾을 합하여 모두 146근 6냥을 샀다. 다만, 납의 한 근 값은 380문이고 밀의 한 근 값이 68문이라고 한다. 각각 얼마를 샀는가?
>
> 今有錢二十九貫六百八十七文五分　共買蜜蠟一百四十六斤六兩　只云蠟斤價三百八十文　蜜斤價六十八文　問各幾何

---

3) 밀은 벌꿀을 말하며, 납은 꿀찌끼로 만든 기름을 말한다.

답 밀 83근 2냥

  납 63근 4냥

答曰 蜜八十三斤二兩

  蠟六十三斤四兩

해법 밀과 납의 총량을 놓고, 근으로 고친다. 이에 납의 한 근 값을 곱하면 55관 622문 5푼을 얻는다. 여기서 지금 가진 돈을 뺀 나머지 29관 687문 5푼을 실이라고 하자. 밀과 납의 한 근 값을 놓고 서로 뺀 나머지 312문을 법이라고 하자. 실을 법으로 나누면 밀의 양을 얻는다. 근 아래의 부분은 16을 곱하면 냥이 된다. 다음 총량에서 밀의 양의 뺀 나머지가 납의 양이다. 문제에 맞는다.

術曰 列蜜蠟共數 斤下留兩 以蠟斤價乘之 得五十五貫六百二十二文五分 內減今有錢餘二十九貫六百八十七文五分 爲實 列蜜蠟斤價 相減 餘三百一十二文 爲法 實如法而一 得蜜 斤下分者 身外加六爲兩 反減共數 餘卽蠟也 合問

🌸 **· 역자 주해 1 ·**
_____

위의 해법에서는 앞에서 제시한 구차분화 또는 화합차분법에 따라 문제를 풀고 있다. 밀(A)과 납(B)을 합쳐서 $p = 146$근 6냥 $= 146.375$근을 사는데, 밀은 한 근에 $a = 68$문이고 납은 한 근에 $b = 380$문이며($a < b$), 전체의 값은 $q = 29$관687문5푼 $= 29687.5$문이다. 그러므로 다음을 얻는다.

$$\begin{aligned}
(\text{밀의 근 수}) &= (bp - q) \div (b - a) \\
&= (380 \times 146.375 - 29687.5) \div (380 - 68) \\
&= (55622.5 - 29687.5) \div 312
\end{aligned}$$

$$= 25935 \div 312 = 83.125(\text{근}) = 83\text{근 } 2\text{냥},$$

(납의 근 수) $= p-($밀의 근 수$)$

$$= 146.375 - 83.125 = 63.25(\text{근}) = 63\text{근 } 4\text{냥}$$

중-4-3. 지금 벼와 쌀 17섬 3되를 가지고 있어서 돈으로 치면 19관 403문이다. 다만, 벼 한 말의 값은 75문이고 쌀 한 말의 값은 164문 이라고 한다. 각각의 양은 얼마인가?

今有粟米一十七碩三升 直錢一十九貫四百三文 只云粟斗價七十五 文 米斗價一百六十四文 問各幾何

답 쌀 7섬 4말 5되

　　벼 9섬 5말 8되

答曰 米 七碩四斗五升

　　　粟 九碩五斗八升

해법 벼와 쌀의 총수를 놓고, 이에 벼의 한 말 값을 곱하면 12관 772 문 5푼을 얻는다. 총 물건 값에서 뺀 나머지 6관 630문 5푼을 실 이라고 하자. 벼와 쌀의 한 말의 값을 놓고 서로 뺀 나머지 89문 을 법이라고 하자. 실을 법으로 나누면 쌀의 양을 얻는다. 벼와 쌀의 총수에서 이를 뺀 나머지가 벼의 양이다. 문제에 맞는다.

術曰 列粟米共數 以粟斗價乘之 得一十二貫七百七十二文五分 以減 直錢 餘六貫六百三十文五分 爲實 列粟米斗價 相減 餘八十九 文 爲法 實如法而一 得米 反減共數 餘卽粟 合問

위의 해법에서는 앞에서 제시한 화합차분법의 "비싼 값을 먼저 총수에 곱하고"가 아니라 "싼 값을 먼저 총수에 곱하고" 있는데, 그 과정은 문제 ≪중-4-1≫의 별해와 같다.

벼(A)와 쌀(B)을 합쳐서 p = 17섬 3되 = 170.3말을 사는데, 벼는 한 말 값은 a = 75문이고 쌀은 한 근 값은 b = 164문이며($a < b$), 전체의 값은 q = 19관 403문 = 19403문이다. 그러므로 다음을 얻는다.

$$(쌀의\ 말\ 수) = (q-ap) \div (b-a)$$
$$= (19403 - 170.3 \times 75) \div (164 - 75)$$
$$= (19403 - 12772.5) \div 89$$
$$= 6630.5 \div 89 = 74.5(말) = 7섬\ 5말\ 5되,$$
$$(벼의\ 말\ 수) = p - (쌀의\ 말\ 수)$$
$$= 170.3 - 74.5 = 95.8(말) = 9섬\ 5말\ 8되$$

중-4-4. 지금 금병 12개와 은병 15개가 있는데, 저울에 무게를 재어 보니 금병 전체의 무게와 은병 전체의 무게가 서로 똑 같다. 한 개를 바꾸어 재니 금병 쪽이 5냥 7전 반 가벼워졌다. 두 가지 병 하나의 무게는 각각 얼마인가?

今有金甁一十二隻 銀甁一十五隻 秤之重適等 交換一隻而秤之 金輕五兩七錢半 門二色各一重幾何

답 금병 한 개의 무게 28냥 7전 반
은병 한 개의 무게 23냥

答曰 　金瓶一隻 重二十八兩七錢半

　　　　銀瓶一隻 重二十三兩

해법 　5냥 7전 반을 별도로 놓고, 위쪽에서는 15를 곱하고 아래쪽에서는 12를 곱하여 각각 실이라고 하자. 금병과 은병의 수를 놓고 적은 것을 많은 것에서 뺀 나머지 3개를 법이라고 하자. 각 실을 법으로 나누면, 위쪽은 금병의 무게고 아래쪽은 은병의 무게이다. 문제에 맞는다.

術曰 　副置五兩七錢半上位 十五乘之 下位 十二乘之 各爲實 列金銀瓶 以少減多 餘三隻 爲法 各實如法而一 上爲金瓶重 下爲銀瓶重 合問

✿ • 역자 주해 1 •
_____

　문제에서 '한 개를 바꾸어'라는 표현을 "금병 한 개를 은병 쪽에 넣고, 은병 한 개를 금병 쪽에 넣는다"라고 해석하면, 답에 제시된 것과 다른 결과를 얻는다. 즉, 금병 한 개의 무게를 x 냥, 은병 한 개의 무게를 y 냥이라 하면, 위의 해석에 따라 다음이 성립한다.

$12x = 15y,$

$11x + y + 5.75 = 14y + x$

이를 풀면 다음과 같이, 답에 제시된 것과 다른 결과를 얻는다.

$x = 14.375, \ y = 11.5$

한편, 문제에서 '한 개를 바꾸어'라는 표현을 "금병 한 개를 은병 한 개로 바꾼다. 이때, 은병은 그대로 놔둔다"라고 해석하면, 답에 제시된 것과 같은 결과를 얻는다. 이를 확인하기 위하여 금병 한 개의 무게를 x 냥, 은병 한 개의 무게를 y 냥이라 하면, 이런 해석에 따라 다음이 성립한다.

$12x = 15y$ ······①

$x - y = 5.75$ ······②

위의 해법에서는 다음과 같이 x 와 y 의 값을 구하고 있다.

$x = (5.75 \times 15) \div (15 - 12) = 28.75,$

$y = (5.75 \times 12) \div (15 - 12) = 23$

이는 위의 연립 방정식을 다음과 같이 푼 결과와 같다.

② × 15 : $15x - 15y = 5.75 \times 15$ ······③

① ⇒ ③ : $15x - 12x = 5.75 \times 15$

$\qquad x = (5.75 \times 15) \div (15 - 12) = 28.75$

② × 12 : $12x - 12y = 5.75 \times 12$ ······④

① ⇒ ④ : $15y - 12y = 5.75 \times 12$

$\qquad y = (5.75 \times 12) \div (15 - 12) = 23$

식 ①을 $12x-15y=0$로 바꾸어 다음 연립 방정식을 생각하자.

$$12x-15y=0 \quad \cdots\cdots ①$$
$$x-y=5.75 \quad \cdots\cdots ②$$

아래의 풀이 과정과 『구장산술』 제8권
「방정」에서 제시했을 오른쪽과 같은 행
렬 계산 과정과 비교하자.

$$\begin{pmatrix} 1 & 12 \\ -1 & -15 \\ 5.75 & 0 \end{pmatrix} \rightarrow \begin{pmatrix} 15 & 12 \\ -15 & -15 \\ 86.25 & 0 \end{pmatrix}$$
$$\rightarrow \begin{pmatrix} 3 & 12 \\ 0 & -15 \\ 86.25 & 0 \end{pmatrix} \rightarrow \begin{pmatrix} 1 & 12 \\ 0 & -15 \\ 28.75 & 0 \end{pmatrix}$$

②×15 : $15x-15y=15 \times 5.75 \quad \cdots\cdots ③$

③−① : $3x=15 \times 5.75 \quad \cdots\cdots ④$

④÷3 : $x=28.75$

$$\begin{pmatrix} 1 & 12 \\ -1 & -15 \\ 5.75 & 0 \end{pmatrix} \rightarrow \begin{pmatrix} 12 & 12 \\ -12 & -15 \\ 69 & 0 \end{pmatrix}$$
$$\rightarrow \begin{pmatrix} 0 & 12 \\ 3 & -15 \\ 69 & 0 \end{pmatrix} \rightarrow \begin{pmatrix} 0 & 12 \\ 1 & -15 \\ 23 & 0 \end{pmatrix}$$

②×12 : $12x-12y=12 \times 5.75 \quad \cdots\cdots ⑤$

⑤−① : $3y=12 \times 5.75 \quad \cdots\cdots ⑥$

⑥÷3 : $y=23$

중-4-5. 지금 얇은 비단 7자와 무늬 비단 9자가 있는데 그 값이 서로
똑같다. 다만, 무늬 비단 한 자의 값은 얇은 비단 한 자의 값보다
36문 싸다고 한다. 두 가지 비단 한 자의 값은 각각 얼마인가?

今有羅七尺 綾九尺 其價適等 只云綾尺價 不及羅尺價三十六文 問
二色尺價各幾何

답 　얇은 비단 한 자의 값 162문

　　　무늬 비단 한 자의 값 126문

答曰 　羅尺價 一百六十二文

　　　綾尺價 一百二十六文

해법 　무늬 비단 9자를 놓고, 이에 36문을 곱하여 얻은 324문을 실이라

　　　고 하자. 무늬 비단과 얇은 비단의 자수를 놓고 서로 뺀 나머지

　　　2자를 법이라고 하자. 실을 법으로 나누면, 얇은 비단 한 자의

　　　값을 얻는다. 여기서 모자라는 값을 뺀 나머지가 곧 무늬 비단

　　　한 자의 값이다. 문제에 맞는다.

術曰 　置綾九尺 以三十六文乘之 得三百二十四文 爲實 列綾羅尺數

　　　相減 餘二尺 爲法 實如法而一 得羅尺價 內減不及 餘卽綾尺

　　　價也 合問

🌸 • 역자 주해 •

─────────────────────────────────────

　얇은 비단 한 자의 값을 x 문, 무늬 비단 한 자의 값을 y 문이라고 하면, 다음이 성립한다.

$7x = 9y$ ······①

$x - y = 36$ ······②

위의 해법은 문제 《중-4-4》의 해법과 같은데, 다음과 같다.

$x = (9 \times 36) \div (9 - 7) = 162,$

$y = (7 \times 36) \div (9 - 7) = 126$

답　20일

答曰　二十日

해법　12일을 놓고, 이에 150리를 곱하여 얻은 1800리를 실이라고 하자. 좋은 말과 둔한 말이 하루에 가는 이수를 놓고 서로 뺀 나머지 90리를 법이라고 하자. 실을 법으로 나누면, 문제에 맞는다.

術曰　列一十二日　以一百五十里乘之　得一千八百里　爲實　列良駑馬 日行里數　相減　餘九十里　爲法　實如法而一　合問

🌸 • 역자 주해 •
_____

　좋은 말과 둔한 말이 하루에 간 거리의 차는 240−150=90(리)다. 그러 므로 둔한 말이 먼저 간 거리 12 × 150리를 좋은 말이 따라 잡는 데 걸리 는 일 수를 x라 하면 다음 식이 성립한다.

　$90 : 1 = 12 \times 150 : x$

따라서 구하는 값은 금유술 또는 이승동제의 방법에 따라 다음과 같다.

$x = (12 \times 150) \div 90 = 1800 \div 90 = 20$(일)

지금 금과 은이 100정 있는데 돈으로 치면 1702관 750문이다. 다만, 금 1정의 값으로 은 7정을 사고 금과 은의 한 냥의 값의 차는 750문이라고 한다. 금과 은 및 한 냥의 값은 각각 얼마인가? 「1정은 각각 50냥이다.」

今有金銀一百鋌 直錢一千七百二貫七百五十文 只云金一鋌之價 買銀七鋌 二色兩價差七百五十文 問金銀及兩價各幾何 「鋌率各五十兩」

답 금 28정 37냥, 한 냥 값 875문
은 71정 13냥, 한 냥 값 125문

答曰 金 二十八鋌三十七兩 每兩價 八百七十五文
銀 七十一鋌一十三兩 每兩價 一百二十五文

해법 은 7정을 놓고, 이에 정률을 곱하면 350냥을 얻는다. 금과 은 한 냥 값의 차 750를 곱해서 얻은 26만 2500을 실이라고 하자. 300냥을 법으로 하여, 실을 법으로 나누면 금 한 냥의 값을 얻는다. 「법의 수는 바로 은 350냥에서 금 50냥을 뺀 나머지다.」 이에서 차를 뺀 수가 은 한 냥의 값이다.
또 100정을 놓고 냥으로 환산해서, 이에 금 한 냥의 값을 곱한다. 이렇게 얻은 수에서 돈으로 친 액수를 빼면 2672관 250문이 남고 차실(差實)이라고 하자. 차 750문을 법으로 하여 나누면 은의 냥수를 얻는다. 반대로 5000냥에서 (은의 냥수를) 빼면 남는 것이 금의 냥수이다. 각각을 정률(鋌率)로 묶어주면, 문제에 맞는다.

術曰 列銀七鋌 以鋌率通之 得三百五十兩 以差七百五十乘之 得二十六萬二千五百 爲實 以三百兩 爲法 實如法而一 得金兩價也 「爲法之數 乃銀三百五十兩 內減金五十兩 餘數也」 內減差 卽銀兩價 又列一百鋌通兩 以金兩價乘之 得數 內減直錢 餘二千六百七

十二貫二百五十文 爲差實 以差七百五十文 爲法 除之 得銀兩
數 反減五千兩 餘卽金兩數也 各以鋌率約之 合問

이 해법에서는 처음에 설명한 구차분화의 방법과 '$ax = by$' 꼴이 포함
되는 연립 방정식의 풀이에 대응하는 해법이 모두 이용된다.

먼저 은과 금의 한 냥 값을 각각 a 문과 b 문이라고 하자. 그러면 문제
의 조건으로부터 다음이 성립한다.

$b = 7a$ ……①
$b - a = 750$ ……②

해법에서는 식 ①을 문제의 조건에서 금 1정과 은 7정의 값이 같으므
로 '$50b = 7 \times 50a$'와 같이 생각해서, 다음과 같이 b와 a 의 값을 구하고
있다.

$b = (750 \times 350) \div (350 - 50)$
  $= 262500 \div 300 = 875$(문),
$a = 875 - 750 = 125$(문)

이제 은과 금이 각각 x 냥과 y 냥 있다고 하면, $p = x+y = 100$정 = 5000
냥이다. 은 한 냥의 값은 $a = 125$문이고 금 한 냥의 값은 $b = 875$문이며
전체의 값은 $q = 1702$관 750문 = 1702750문이므로, 구차분화의 방법에 따
라 다음을 얻는다.

(은의 냥 수) : $x = (bp-q) \div (b-a)$

$\qquad = (875 \times 5000 - 1702750) \div (875 - 125)$

$\qquad = (4375000 - 1702750) \div 750$

$\qquad = 2672250 \div 750 = 3563(냥) = (71 \times 50 + 13)냥 = 71정 \ 13냥,$

(금의 냥 수) : $y = p - x$

$\qquad = 5000 - 3563 = 1447(냥) = (28 \times 50 + 37)냥 = 28정 \ 37냥$

중-4-8. 지금 기름이 1칭 2근 3냥 반 있는데, 초등4)을 점등하려고 한다. 다만, 잔등5) 넷은 기름 3냥이 들고 구등6) 셋은 기름 5냥이 든다. 반드시 잔등의 수는 구등의 수의 배이어야 한다. 잔등 및 구등의 수와 기름은 각각 얼마인가?

今有油一秤二斤三兩半 欲點醮燈 只云四盞用油三兩 三甌用油五兩

須令盞數倍之甌數 問甌盞及油各幾何

답 　구등 87개, 기름 9근 1냥

　　　잔등 174개, 기름 8근 2냥 반

答曰 甌八十七隻 油九斤一兩

　　　盞一百七十四隻 油八斤二兩半

해법 　그림

4잔	3냥
3구	5냥

에 따라 산대를 펼치고 왼쪽 열과 오른쪽 열을 엇갈려 곱한다. 오른쪽 위를 2배하면 18을 얻고, 오른쪽 아래는

---

4) 제사 지낼 때 사용하는 등잔.

5) 작은 등잔.

6) 큰 등잔으로 사발등을 뜻한다.

20을 얻는다. 이를 더하여 얻은 38을 법이라고 하자. 왼쪽 열을
서로 곱하여 얻은 12를 승법이라고 하자. 기름의 총수를 놓고
냥으로 환산해서 아랫수를 더하면 275.5냥을 얻는다. 이에 12를
곱하여 얻은 3306을 실이라고 하자. 실을 법으로 나누면 구등의
수를 얻고, 2배하면 잔등의 수다. 「기름의 양을 구하는 것은 이승동제
의 방법으로 구한다.」 문제에 맞는다.

術曰　依圖布筭　| ⅢⅠ 四盞　Ⅲ 三兩 |
　　　　　　　　　| Ⅲ 三甌　ⅢⅠ 五兩 |　左行互乘右行　右上倍之　得一十八

左[7]下　得二十　併之　得三十八　爲法　左行相乘　得一十二　爲乘
法　列共油　通兩內子　得二百七十五兩半　以十二乘之　得三千三
百六　爲實　實如法而一　得甌數　倍之　盞數也　「求油者 以異乘同除
求之」　合問

🏵 • 역자 주해 •

위의 해법은 다음과 같다. 먼저 기름 전체의 양은 다음과 같다.

1칭 2근 3냥 반 = 15근 2근 3.5냥 = (17 × 16+3.5)냥 = 275.5냥

구등 3개에 기름이 5냥 들어가므로, 구등이 [3과 4의 배수인] 12개라면
기름이 5냥 × 4 = 20냥 든다. 구등이 12개 있다면 잔등은 24개 있다. 잔등
4개에 기름이 3냥 들어가므로, 잔등이 24개라면 이름이 3냥 × 6 = 18냥
든다. 이에 따라 38냥 = 20냥+18냥의 기름으로 구등을 12개 밝히므로, 전
체의 기름 275.5냥으로 구등 x개를 밝힌다면 다음과 같은 비례식이 성립
한다.

---

7) '右'의 오기.

$38 : 12 = 275.5 : x$

따라서 구등의 개수는 금유술 또는 이승동제의 방법에 따라 다음과 같다.

$x = 275.5 \times 12 \div 38 = 3306 \div 38 = 87(개)$

그리고 잔등의 개수는 이의 두 배인 174개이다.
또, 사용하는 기름은 문제의 조건에 따라 다음과 같이 구한다.

(구가 사용하는 기름) = (구의 개수) $\div 3 \times 5 = 87 \div 3 \times 5 = 145(냥)$
$= (9 \times 16)$냥 1근 = 9근 1냥,
(잔이 사용하는 기름) = (잔의 개수) $\div 4 \times 5 = 174 \div 4 \times 3 = 130.5(냥)$
$= (8 \times 16)$냥 2.5냥 = 8근 2.5냥

중-4-9. 지금 대나무가 있는데 일곱 마디이다. 아래 두 마디에 쌀 3되가 들어가고, 위 세 마디에 쌀 2되가 들어간다. 가운데 두 마디와 마디마다 각각 얼마의 쌀이 들어가는가?

今有竹七節 下二節容米三升 上三節容米二升 問中二節及逐節各容幾何

답   아래 첫 마디 $1\frac{16}{27}$ 되

       다음 마디 $1\frac{11}{27}$ 되

다음 마디 $1\frac{6}{27}$ 되

다음 마디 $1\frac{1}{27}$ 되

다음 마디 $\frac{23}{27}$ 되

다음 마디 $\frac{18}{27}$ 되

다음 마디 $\frac{13}{27}$ 되

答曰 下初一升二十七分升之十六

次一升二十七分升之十一

次一升二十七分升之六

次一升二十七分升之一

次二十七分升之二十三

次二十七分升之十八

次二十七分升之十三

해법 그림

2마디	3되
3마디	2되

에 따라 산대를 펼치고 왼쪽 열과 오른쪽 열을 엇갈려 곱해서 수들을 얻는다. 작은 수를 큰 수에서 뺀 나머지 5를 차실(差實)이라고 하자. 「이는 마디마다의 차수(差數)다.」 분모를 서로 곱하여 얻은 6을 승법이라고 하자. 다시 3마디와 2마디를 더하고 반으로 나누어 2마디 반을 얻는다. 이를 7마디에서 빼면 나머지는 4마디 반이다. 이에 분모 6을 곱하여 얻은 27을 법이라고 하자. 「이는 1되의 분모다.」 실을 법으로 나누어 얻은 1되는 곧 비율이 되어 서로 제거하여 간다. 27을 놓고 이에 3되를 곱하면 81을 얻는다. 차 5를 더하면 86을 얻는다. 반으로 나누면, $1\frac{16}{27}$ 되를 얻는다. 이는 아래 첫마디에 들어가는 쌀의 양이다. 차례로 차를 감하여 각 마디의 쌀의 양을 얻는다. 문제에 맞는다.

術曰 依圖布筭 ║二節 ║║三升
║║║三節 ║二升 左行互乘右行 得數 以少減多 餘五 爲

差實「乃逐節差數也」分母相乘 得六 爲乘法 又併三節二節半之

得二節半 以減七節 餘四節半 以分母六乘之 得二十七 爲法「乃

一升之分母」實如法而一 得一升 卽衰相去也 列二十七 以三升乘

之 得八十一 加差五 得八十六 半之 得一升二十七分升之十六

乃是下初節所容之數 遞減逐節差 卽得 合問

🏵 • 역자 주해 1 •

위의 문제에서는 대나무의 각 마디에 담기는 쌀의 수량은 등차 수열
을 이룬다고 가정하고 있다. 이런 유형의 문제는『구장산술』제6권「균
수」의 제19문에서 찾아볼 수 있다. 그 문제에서는 대나무의 마디가 9개
이고 아래 3마디에 4되가 들어가며 위쪽 4마디에 3되가 들어간다. 그리
고 해법은 다음과 같다.

아래 3마디로 4되를 나누어 하율이라 하고, 위쪽 4마디로 3되를 나누어 상률
로 한다. 상·하율 중에서 작을 것을 큰 것에서 뺀 나머지를 실이라고 하자. 4
마디와 3마디를 놓고 각각 반으로 나누고 9마디에서 뺀 나머지를 법이라고 하
자. 실을 법으로 나누면 하나의 되수를 얻는데, 곧 서로 줄어드는 비율이다. 하
율 1과 3분의 1되는 아래에서 둘째 마디의 용량이다.
以下三節分四升 爲下率 以上四節分三升 爲上率 上下率以少減多 餘爲實
列四節 三節 各半之 以減九節 餘爲法 實如法 得一升 卽衰上去也 下率一升
少半升者 下第二節容也

즉, 등차 수열의 공차를 구하는 과정을 다음과 같이 서술하고 있다.

$$\frac{(\text{아래 3마디의 평균}) - (\text{위쪽 4마디의 평균})}{(\text{아래 3마디의 중점과 위쪽 4마디의 중점 사이의 거리})}$$

$$= \frac{\dfrac{4}{3} - \dfrac{3}{4}}{9 - \dfrac{4}{2} - \dfrac{3}{2}} = \frac{\dfrac{7}{12}}{\dfrac{11}{2}} = \frac{7}{66} \text{(되)}$$

⚜ • 역자 주해 2 •

이 문제의 해법도 먼저 등차 수열의 공차를 구하고, 그것을 이용해서 각 마디의 용량을 구하고 있다. 해법의 각 단계를 좀 더 자세하게 설명하면 다음과 같다.

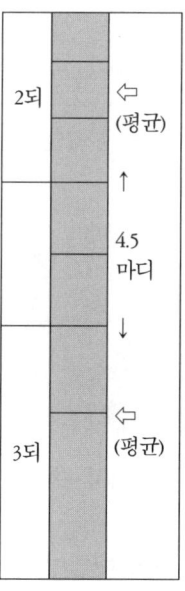

- 3마디와 3되의 곱 9에서 2마디와 2되의 곱 4를 뺀 나머지(차수) 5를, 2마디와 3마디의 곱(분모) 6으로 나눈다. 즉, 아래 2마디에 담긴 쌀의 평균에서 위 3마디에 담긴 쌀의 평균을 뺀다.

$$\frac{3 \times 3 - 2 \times 2}{2 \times 3} \left[= \frac{3}{2} - \frac{2}{3} \right] = \frac{5}{6} \text{(되)} \ \cdots\cdots ①$$

- 3마디와 2마디의 평균 2.5마디를 7마디에서 빼서 4.5마디를 얻는다. 즉, 아래 2마디의 중점과 위 3마디의 중점 사이의 마디의 개수를 구한다.

$$7 - \frac{2+3}{2} = \frac{9}{2} = 4.5(\text{마디}) \quad \cdots\cdots ②$$

- 4.5마디와 분모 6의 곱 27로 차수 5를 나누어, 즉 ①을 ②로 나누어 공차를 구한다.

$$\frac{5}{6 \times 4.5} = \frac{5}{27}$$

- 27에 3되를 곱하여 81을 얻고, 차수 5를 더한 86을 반으로 나누어 43을 얻는다. 이를 27로 나눈 $\frac{43}{27}$ 되가 아래 첫 마디에 담긴 쌀이다. 즉, 아래 2마디의 평균에 공차의 반을 더하여 아래 첫 마디에 담긴 쌀을 구한다.

$$\frac{3 \times 27 + 5}{27} \cdot \frac{1}{2} = \left(3 + \frac{5}{27}\right)\frac{1}{2}\left[= \frac{3}{2} + \frac{5}{27} \cdot \frac{1}{2}\right] = \frac{43}{27}(\text{되})$$

- 공차를 차례로 빼면, 물음에 합당한 답을 얻는다.

$$\frac{43}{27} - \frac{5}{27} = \frac{38}{27}, \quad \frac{38}{27} - \frac{5}{27} = \frac{33}{27}, \quad \frac{33}{27} - \frac{5}{27} = \frac{28}{27},$$

$$\frac{28}{27} - \frac{5}{27} = \frac{23}{27}, \quad \frac{23}{27} - \frac{5}{27} = \frac{18}{27}, \quad \frac{18}{27} - \frac{5}{27} = \frac{13}{27}$$

❋ **역자 주해 3**

위의 해법이 정당한 이유는 다음과 같다. 첫째 항[위 첫째 마디]을 a, 공차를 d 라고 하면, 7개 항[7마디]는 다음과 같다.

$a,\ a+d,\ a+2d,\ a+3d,\ a+4d,\ a+5d,\ a+6d$

마지막 두 항[아래 2마디]의 평균에서 처음 세 항[위 3마디]의 평균을 빼면, 다음을 얻는다.

$$\frac{(a+5d)+(a+6d)}{2}-\frac{a+(a+d)+(a+2d)}{3}=\frac{9}{2}d \quad \cdots\cdots ③$$

그러므로 항 전체의 개수 7에서 (처음) 세 항의 평균 개수 $\frac{3}{2}$과 (마지막) 두 항의 평균 개수 1을 뺀 값 $\frac{9}{2}$, 즉 처음 세 항의 평균 번호 2와 마지막 두 항의 평균 번호 $\frac{13}{2}$의 차이 $\frac{9}{2}$로 ③을 나누면, 공차를 얻는다.

그리고 마지막 두 항[아래 2마디]의 평균에 공차의 반을 더하면 마지막 항[아래 첫 마디]을 얻는다.

5

차분균배문 열 문제

差分均配門 十問

　여기서는 주어진 수량을 몇 명이 정해진 비율에 따라 분배하는 비례 배분과 관련된 문제를 다루고 있다. 특별한 경우로 등비 수열과 등차 수열에 따라 분배하는 경우도 고려한다. 『구장산술』제3권 「쇠분」에서 이런 문제를 다루고 있다. '쇠분'에 대한 설명은 아래의 역자 주해를 보라.

'쇠분'을 '차분'이라고도 하는데, 차이를 두고 나누는 것을 말한다. 이를테면 분배할 전체 A이고, 이를 n 명이 차례로 r_1, r_2, ⋯, r_n 의 율[또는 분 또는 분율]로 분배한다고 하자. 즉, $r_1 : r_2 : ⋯ : r_n$ 의 비율로 분배한다고 하자.[1] 그러면 각자의 몫 a_1, a_2, ⋯, a_n 은 다음과 같이 계산한다.

$$a_k = \frac{r_k A}{r_1 + r_2 + \cdots + r_n} \quad (k = 1, 2, \cdots, n) \cdots\cdots ①$$

또는

$$a_k = \frac{A}{r_1 + r_2 + \cdots + r_n} r_k \quad (k = 1, 2, \cdots, n) \cdots\cdots ②$$

즉, $r_1 + r_2 + \cdots + r_n$ 을 소유율, A 를 소유수, r_k 를 소구율로 하여 소구수 a_k 를 구한다. 이는 다음과 같은 비례식을 a_k 에 대해 푸는 것과 같다.

$$(r_1 + r_2 + \cdots + r_n) : A = r_k : a_k$$

중-5-1. 지금 갑, 을, 병이 있어 이익금 45관 36문을 나눈다. 갑의 원금은 58관, 을의 원금은 45관, 병의 원금은 36관이다. 각자 이익금을 나누면 얼마인가?

今有甲乙丙共分息錢四十五貫三十六文　甲元錢五十八貫　乙元錢四十五貫　丙元錢三十六貫　問各分息幾何

---

1) 여기서는 각 율이 모두 자연수로 표현되도록 정하고 있다.

답 갑 18관 792문
　　　을 14관 580문
　　　병 11관 664문

答曰 甲 一十八貫七百九十二文
　　　　乙 一十四貫五百八十文
　　　　丙 一十一貫六百六十四文

해법 갑의 원금 58관을 놓고, 이에 이익금 45관 36문을 곱하면 2612관 88문을 얻는다. 또 을의 원금 45관을 놓고, 45관 36문을 곱하면, 2026관 620문을 얻는다. 또 병의 원금 36관을 놓고, 역시 45관 36문을 곱하면 1621관 296문을 얻는다. 각각을 열실(列實)이라고 하자. 각 사람의 원금을 모두 합하여 얻은 139관을 법이라고 하자. 실을 법으로 나누면 각 사람이 나눈 돈의 수를 얻는다. 문제에 맞는다.

術曰 列甲元錢五十八貫 以息錢四十五貫三十六文乘之 得二千六百一十二貫八十八文 又列乙元錢四十五貫 以四十五貫三十六文乘之 得二千二十六貫六百二十文 又列丙元錢三十六貫 亦以四十五貫三十六文乘之 得二千六百二十一貫二百九十六文 各爲列實 併各人元錢 共得一百三十九貫 爲法 實如法而一 各得分錢之數 合問

❀ ● 역자 주해 ●

이 문제에서는 각자가 내는 원금(출자액)에 비례하여 이익을 분배한다는 원칙을 따르고 있다. 즉, 갑, 을, 병의 출자액 $r_1 = 58$문, $r_2 = 45$문, $r_3 = 36$문에 따라 이익금 $A = 45$관 36문 = 45036문을 분배한다. 쇠분의 방법에 따라 각자의 몫은 다음과 같다.

$$갑 : \frac{58 \times 45036}{58+45+36} = \frac{2612088}{139} = 18792(문) = 18관\ 792문$$

$$을 : \frac{45 \times 45036}{58+45+36} = \frac{2026620}{139} = 14580(문) = 14관\ 580문$$

$$병 : \frac{36 \times 45036}{58+45+36} = \frac{1621296}{139} = 11664(문) = 11관\ 664문$$

중-5-2. 지금 갑, 을, 병이 있는데 실을 내어 비단을 54필 2장 4자 짰다. 갑의 실은 9근 8냥, 을의 실은 8근 10냥, 병의 실은 7근 6냥이다. 각 사람이 비단을 나누면 얼마인가? 「1필은 26자다.」

今有甲乙丙出絲 織羅五十四匹二丈四尺 甲絲九斤八兩 乙絲八斤一十兩 丙絲七斤六兩 問各分羅幾何「匹法二十六尺」

답　갑 20필 1장 2자

　　을 18필 1장 5자

　　병 15필 2장 3자

答曰　甲 二十匹一丈二尺

　　乙 一十八匹一丈五尺

　　丙 一十五匹二丈三尺

해법　비단 전체의 필수를 놓고 자로 환산해서 아랫수를 더하면 1428 자를 얻는다. 각 사람이 원래 낸 실을 냥으로 환산하고 아랫수를 더해서 그것에 곱하면, 갑은 21만 7056을 얻고 을은 19만 7064를 얻으며 병은 16만 8504를 얻는다. 각각을 열실(列實)이라고 하자. 각 사람이 낸 실을 모두 합하여 얻은 408냥을 법이라고 하자. 각 실(實)을 법으로 나누면 각자의 몫을 얻는다. 필법으로 묶으면, 문제에 맞는다.

術曰 列羅全匹 通尺內子 得一千四百二十八尺 各以元絲 通兩內子 乘之 甲得二十一萬七千五十六 乙得一十九萬七千六十四 丙得一十六萬八千五百四 各爲列實 倂各人絲 得四百八兩 爲法 各 實如法而一 卽得各 以匹法約之 合問

❋ **• 역자 주해 •**

'1필＝26자, 1장＝10자'므로, 비단의 길이를 자로 나타내고, '1근＝16 냥'이므로 각 사람의 실을 냥으로 나타내면 다음과 같다.

비단 : $54 \times 26 + 20 + 4 = 1428$(자)
갑 : $9 \times 16 + 8 = 152$(냥)
을 : $8 \times 16 + 10 = 138$(냥)
병 : $7 \times 16 + 6 = 118$(냥)

이제 비단을 각자가 낸 실의 수량을 율로 해서 쇠분의 방법에 따라 각 자가 얻는 비단을 계산하면 다음과 같다.

갑 : $\dfrac{1428 \times 152}{152 + 138 + 118} = \dfrac{217056}{408} = 532$(자) $= (20 \times 26 + 12)$자 $= 20$필 12자

을 : $\dfrac{1428 \times 138}{152 + 138 + 118} = \dfrac{197064}{408} = 483$(자) $= (18 \times 26 + 15)$자 $= 18$필 15자

병 : $\dfrac{1428 \times 118}{152 + 138 + 118} = \dfrac{168504}{408} = 413$(자) $= (15 \times 26 + 23)$자 $= 15$필 23자

중-5-3. 지금 갑, 을, 병이 있는데 함께 쌀 33섬 8되를 나눈다. 반드시 갑 4, 을 3, 병 1의 비율로 그것을 나누어야 한다. 각각은 얼마인가?

今有甲乙丙共分米三十三碩八升 須令甲四乙三丙一分之 問各幾何

답 갑 16섬 5말 4되
을 12섬 4말 5홉
병 4섬 1말 3되 5홉

答曰 甲 一十六碩五㪷四升
乙 一十二碩四㪷五合
丙 四碩一㪷三升五合

해법 각 사람의 나누는 비율을 전체 쌀에 곱하면, 갑은 1323푼 2리를 얻고 을은 992푼 4리를 얻으며 병은 330푼 8리를 얻는다. 각각을 열실이라고 하자. 각 사람의 나누는 비율을 모두 더하여 얻은 8을 법이라고 하자. 각 실을 법으로 나누면 얻는 것은 문제에 맞는다.

術曰 各以分率乘共米 甲得一千三百二十三分二釐 乙得九百九十二分四釐 丙得三百三十分八釐 各爲列實 倂各分率 得八 爲法 各實如法而一 得合問

🏵 **· 역자 주해 ·**

해법은 다음과 같다. 갑, 을, 병의 율 4, 3, 1에 따라 쌀 33섬 8되 = 33.08섬을 쇠분의 방법으로 나누면, 갑, 을, 병이 갖는 쌀의 양은 다음과 같다.

갑 : $\dfrac{4 \times 33.08}{4+3+1} = \dfrac{132.32}{8} = 16.54(섬) = 16섬 \ 5말 \ 4되$

을 : $\dfrac{3 \times 33.08}{4+3+1} = \dfrac{99.24}{8} = 12.405(섬) = 12섬 \ 4말 \ 5홉$

병 : $\dfrac{1 \times 33.08}{4+3+1} = \dfrac{33.08}{8} = 4.135(섬) = 4섬 \ 1말 \ 3되 \ 5홉$

중-5-4. 지금 갑, 을, 병이 있는데 함께 돈 71관 900문을 나눈다. 다만, 을의 돈은 갑의 돈의 5분의 3과 같지만, 병보다는 1관 800문 더 많다고 한다. 각자가 얻는 것은 얼마인가?

今有甲乙丙共分錢七十一貫九百文 只云乙如甲五分之三 却多如丙 一貫八百文 問各得幾何

답　갑 33관 500문

　　을 20관 100문

　　병 18관 300문

答曰　甲 三十三貫五百文

　　乙 二十貫一百文

　　丙 一十八貫三百文

해법　함께 나눌 돈을 놓고, 임시로 1관 800문을 더하여 얻은 73관 700문을 실이라고 하자. 각 사람이 나누어 가지는 비율을 더하여 얻은 11을 법이라고 하자. 나누면 6관 700문을 얻는데, 1분(11분의 1)의 율이 된다. 별도로 위에 놓고 5를 곱하면 갑의 돈을 얻고, 아래에 놓고 3을 곱하면 을의 돈을 얻는다. 1관 800문을 뺀 나머지가 곧 병의 돈이다. 문제에 맞는다.

術曰 列共分錢 內虛加一貫八百文 得七十三貫七百 爲實 倂各人分率

得一十一 爲法 而一 得六貫七百 爲一分之率 副置上位五之 得

甲錢 下位三之 得乙錢 內減一貫八百 餘卽丙錢 合問

• 역자 주해 •

해법에서는 '을의 돈은 갑의 돈의 5분의 3과 같다'는 조건으로부터 갑
의 몫을 5분, 을의 몫을 3분으로 정했다. 또, '을의 돈은 병보다 1800문
더 많다.'는 조건으로부터, 나누어 가질 전체 돈을 임시로 '73700문(＝
71900문+1800문)'이라 하고 을과 병의 몫을 같은 것으로 가정했다. 이에 따
라 병의 몫도 3분이므로, 전체는 11분(＝5분+3분+3분)이다.

이제 쇠분의 방법에 따라 각자의 몫을 계산하면 다음과 같다.

갑: $\frac{73700}{11} \times 5 = 6700 \times 5 = 33500$(문) ＝ 33관 500문

을: $\frac{73700}{11} \times 3 = 6700 \times 3 = 20100$(문) ＝ 20관 100문

병: $\frac{73700}{11} \times 3\text{-}1800 = 20100 - 1800 = 18300$(문) ＝ 18관 300문

중-5-5. 지금 갑, 을, 병이 있는데 서로 사염을 한다. 갑은 3650인,
을은 2150인, 병은 1950인을 냈다. 지금 사염을 중단해서 4650인을
얻었다. 각 사람이 나누어 가질 소금은 얼마인가?

今有甲乙丙相合査鹽 甲三千六百五十引 乙二千一百五十引 丙一千
九百五十引 今鹽不數止査 得四千六百五十引 問各人分鹽幾何

답 갑 2190인

을 1290인

병 1170인

答曰 甲 二千一百九十引

乙 一千二百九十引

丙 一千一百七十引

해법 각각 원래의 인수를 놓고, 사염을 중지할 때 얻은 수량을 곱하면 갑은 1697만 2500을 얻고 을은 999만 7500을 얻고 병은 906만 7500을 얻는다. 각각을 열실이라고 하자. 각자의 원래 인수를 모두 더하여 얻은 7750을 법이라고 하자. 각 실을 법으로 나누면, 문제에 맞는다.

術曰 各列元引 以止査鹽數乘 甲得一千六百九十七萬二千五百 乙得九百九十九萬七千五百 丙得九百六萬七千五百 各爲列實 倂各元引 得七千七百五十 爲法 各實如法而一 合問

❀ • 역자 주해 •

각자가 낸 소금에 비례해서 줄어든 소금을 분배한다. 쇠분의 방법에 따라 계산하면 각자의 몫은 다음과 같다.

갑 : $\dfrac{3650 \times 4650}{7750} = \dfrac{16972500}{7750} = 2190(인)$

을 : $\dfrac{2150 \times 4650}{7750} = \dfrac{9997500}{7750} = 1290(인)$

병 : $\dfrac{1950 \times 4650}{7750} = \dfrac{9067500}{7750} = 1170(인)$

중-5-6. 지금 은이 1칭 1근 10냥 있는데, 갑, 을, 병이 위로부터 절반으로 만들어 그것을 차이지게 나누고자 한다. 각각 얻은 것은 얼마인가?

今有銀一秤一斤十兩 令甲乙丙從上作折半差分之 各得幾何

답 갑 152냥

을 76냥

병 38냥

答曰 甲 一百五十二兩

乙 七十六兩

丙 三十八兩

해법 은을 두고, 냥으로 환산해서 아랫수를 더하면 266냥을 얻고 실이라고 하자. 각 사람의 몫을 나타내는 비율을 더하여 얻은 7을 법이라고 하자. 실을 법으로 나누면 병이 갖는 은을 얻는다. 2배하면 을이 갖는 은이고, 다시 2배하면 갑이 갖는 은이다. 문제에 맞는다.

術曰 置銀 通兩內子 得二百六十六兩 爲實 倂各分數 得七 爲法 實如法而一 得丙銀 倍之 乙銀 又倍之 甲銀 合問

🌸 **• 역자 주해 •**

'위로부터 절반으로 나누어 차이지게' 분배한 몫은 공비가 $\frac{1}{2}$인 등비수열을 이룬다. 해법에서는 다음과 같이 각자의 율을 자연수로 정하고 쇠분의 방법에 따라 각자의 몫을 계산한다.

- 은의 수량을 단위를 바꾸어 냥으로 나타낸다.

  1칭 1근 10냥 = 240냥 16냥 10냥 = 266냥 ······ [실]

- 각 사람의 분율을 구하여 더한다. 갑, 을, 병의 몫이 이 차례대로 반씩 줄어든다, 그러므로 병의 몫을 1분이라 다음을 얻는다.

갑	을	병	합계
4	2	1	7 ······ [법]

- 1분의 몫, 즉 병의 몫을 구한다. (실을 법으로 나눈다.)

  병 : 266 ÷ 7 = 38(냥)

- 각자의 분율을 곱하여 각자의 몫을 구한다.

  을 : 38 × 2 = 76(냥)
  갑 : 76 × 2 = 152(냥)

중-5-7. 지금 갑, 을, 병, 정이 있어 실 544근을 나누어 가진다. 위로부터 4 · 6을 만들어 차이지게 나눈다. 각각이 얻는 것은 얼마인가?

今有甲乙丙丁分絲五百四十四斤 從上作四六差分之 問各得幾何

답　갑 250근
　　　을 150근
　　　병 90근
　　　정 54근

答曰 甲 二百五十斤

乙 一百五十斤

丙 九十斤

丁 五十四斤

해법 갑의 비율을 1000으로 두고, (한 자리 물러나) 6을 곱하여 얻은 600을 을의 비율이라고 하자. 또, (한 자리 물러나) 6을 곱하여 얻은 360을 병의 비율이라고 하자. 또, (한 자리 물러나) 6을 곱하여 얻은 216을 정의 비율이라고 하자. 네 수를 모두 더하여 얻은 2176을 법이라고 하자. 실 전체를 놓고 냥으로 환산해서 이에 1000을 곱하여 얻은 870만 4000을 실이라고 하자. 실을 법으로 나누면 4000냥을 얻는다. 이것은 갑의 실이다. (한 자리 물러나) 이에 6을 곱하면 을의 실 2400냥을 얻는다. 또, (한 자리 물러나) 이에 6을 곱하면 병의 실 1440냥을 얻는다. 또, (한 자리 물러나) 이에 6을 곱하면 정의 실 864냥을 얻는다. 각각을 근율로 묶으면, 문제에 맞는다.

術曰 置甲率一千 以六因之 得六百爲乙率 又六因之 得三百六十爲丙率 又六因 得二百一十六爲丁率 四位共倂 得二千一百七十六 爲法 列共絲 通兩 以一千乘之 得八百七十萬四千 爲實 實如法而一 得四千兩 爲甲絲 六之 得乙絲二千四百兩 又六之 得丙絲一千四百四十兩 又六之 得丁絲八百六十四兩 各斤率約之 合問

 • 역자 주해 •

'위로부터 4·6을 만들어 차이지게' 분배한 몫은 공비가 $\frac{6}{10}$ 인 등비 수

열을 이룬다. 해법에서는 다음과 같이 각자의 율을 자연수로 정하고 쇠분의 방법에 따라 각자의 몫을 계산한다.

- 각 사람의 율을 구하여 더한다. 갑의 율을 1000이라 하면 을, 병, 정의 율은 다음과 같다.

갑	을	병	정	합계	
1000	600	360	216	2176	…… [법]

- 나누어 가질 실의 단위를 냥으로 환산하고 1000을 곱한다.

544근 × 16냥 / 실 × 1000 = 8704000냥 …… [실]

- 1000분의 몫, 즉 값의 몫을 구한다. (실을 법으로 나눈다.)

갑 : 8704000 ÷ 2176 = 4000(냥) = 250(근)

- 공비 $\frac{6}{10}$ 에 따라 나머지 사람의 몫을 구한다.

을 : (갑의 몫) × 0.6 = 4000 × 0.6 = 2400(냥) = 150(근)
병 : (을의 몫) × 0.6 = 2400 × 0.6 = 1440(냥) = 90(근)
정 : (병의 몫) × 0.6 = 1440 × 0.6 = 864(냥) = 54(근)

중-5-8. 지금 관에서 가는 실 4860근을 내려 서양 비단을 짜고자 한다. 갑, 을, 병, 정, 무, 기 여섯 마을에 위에서부터 2·8로 만들어 차이지게 나누고자 한다. 그 비단 한 필을 짜는 데 실을 2근 4냥 사용한다. 나누는 실과 짜는 비단은 각각 얼마인가? 「1필은 32자다.」

今官降細絲四千八百六十斤 欲織西錦 令甲乙丙丁戊己六局從上作二八 差分之 其錦每匹用絲二斤四兩 問分絲織錦各幾何 「匹法三十二尺」

답   갑의 실 $1317\frac{141}{427}$ 근

비단 585필 1장 $5\frac{155}{427}$ 자

을의 실 $1053\frac{369}{427}$ 근

비단 468필 1장 $2\frac{124}{427}$ 자

병의 실 $843\frac{39}{427}$ 근

비단 374필 2장 $2\frac{270}{427}$ 자

정의 실 $674\frac{202}{427}$ 근

비단 299필 2장 $4\frac{216}{427}$ 자

무의 실 $539\frac{247}{427}$ 근

비단 239필 2장 $6\frac{2}{427}$ 자

기의 실 $431\frac{283}{427}$ 근

비단 191필 2장 $7\frac{87}{427}$ 자

答曰   甲絲 一千三百一十七斤 四百二十七分斤之一百四十一
錦 五百八十五匹一丈五尺 四百二十七分尺之一百五十五

乙絲 一千五十三斤 四百二十七分斤之三百六十九

　錦 四百六十八匹一丈二尺 四百二十七分尺之一百二十四

丙絲 八百四十八[2]斤 四百二十七分斤之三十九

　錦 三百七十四匹二丈二尺 四百二十七分尺之二百七十

丁絲 六百七十四斤 四百二十七分斤之二百二

　錦 二百九十九匹二丈四尺 四百二十七分尺之二百一十六

戊絲 五百三十九斤 四百二十七分斤之二百四十七

　錦 二百三十九匹二丈六尺 四百二十七分尺之二

己絲 四百三十一斤 四百二十七分斤之二百八十三

　錦 一百九十一匹二丈七尺 四百二十七分尺之八十七

해법 갑의 비율을 10만으로 두면, 을의 비율은 8만, 병의 비율은 6만 4000, 정의 비율은 5만 1200, 무의 비율은 4만 960, 기의 비율은 3만 2768로 차이가 난다. 별도로 여섯 수를 더하여 얻은 36만 8928을 법이라고 하자. 실 4860근을 더하지 않은 각 비율에 곱하면, 갑은 4억 8600만을 얻고, 을은 3억 8880만을 얻고, 병은 3억 1104만을 얻고, 정은 2억 4883만 2000을 얻고, 무는 1억 9906만 5600을 얻고, 기는 1억 5925만 2480을 얻는다. 각각 열실이라고 하자. 각 실을 법으로 나누고, 법에 차지 않는 것은 각각 864로 묶으면, 나눌 실의 수량을 얻는다.

비단을 구하기 위해서, 2근을 두고 냥으로 환산해서 아랫수를 더하면 36냥을 얻는다. 이에 분모 427로 곱하여 얻은 1만 5372를 얻어 법이라고 하자. 나눌 실의 각 수량을 놓고 환산해서 아랫수를 더하면 수를 얻는다. 그것에 각각 16을 곱하면 갑은 900만을 얻고, 을은 720만을 얻고, 병은 576만을 얻고, 정은 460만

---

2) 八은 三의 誤記.

8000을 얻고, 무는 368만 6400을 얻고, 기는 294만 9120을 얻는다. 각자를 실이라 하고 실을 법으로 나누면, 필의 수를 얻는다. 법에 차지 않는 것은 필법 32로 이에 곱하고 전과 같이 법으로 나누면 자(尺)를 얻는다. 법에 차지 않는 것은 각각 36으로 묶으면, 문제에 맞는다.

術曰 置甲率一十萬 乙率八萬 丙率六萬四千 丁率五萬一千二百 戊率四萬九百六十 已率三萬二千七百六十八 爲差 副併得三十六萬八千九百二十八 爲法 以絲四千八百六十斤乘未併者 甲得四億八千六百萬 乙得三億八千八百八十萬 丙得三億一千一百四萬 丁得二億四千八百八十三萬二千 戊得一億九千九百六萬五千六百 已得一億五千九百二十五萬二千四百八十 各爲列實 各實如法而一 不滿法者 各以八百六十四約之 各得分絲之數也 求錦者 置二斤 通兩內子 得三十六兩 以分母四百二十七乘 得一萬五千三百七十二 爲法 各列絲 通分內子 得數 各以十六乘之 甲得九百萬 乙得七百二十萬 丙得五百七十六萬 丁得四百六十萬八千 戊得三百六十八萬六千四百 已得二百九十四萬九千一百二十 各自爲實 實如法而一 得匹數 不滿法 以匹法三十二乘之 如前法而一 得尺 不滿法者 各以三十六約之 合問

🌸 • 역자 주해 •

해법에서는 우선 갑, 을, 병, 정, 무, 기의 6국이 나누어 가질 실이 '2 · 8로 만들어 차이지므로'(즉 공비가 $\frac{8}{10}$인 수열을 이루므로), 갑의 분량을 100000이라 가정하여 나머지 국의 분량을 구하고 그 분량에 비례하여 쇠분의 방법에 따라 나누어 가질 실을 구하고, 그것으로 만들 수 있는 비단의 수량을 구하고 있다. 즉, 그 과정은 다음과 같다.

- 갑의 분량을 100000이라 할 때, 나머지 국의 분량을 구한다.

갑	을	병	정	무	기	합계
100000	80000	64000	51200	40960	32768	368928 ······ [법]

- 각 분량에 함께 나누어 가질 실 4860근을 곱한다.

갑	을	병	정	무	기
486000000	388800000	311040000	248832000	199065600	159252480

······ [실]

- 각 실을 법으로 나누어 각 국의 실의 수량을 구한다.

갑 : $486000000 \div 368928 = (486000000 \div 864) \div (368928 \div 864)$

$$= 562500 \div 427 = 1317\frac{141}{427} \ (근)$$

을 : $388800000 \div 368928 = (388800000 \div 864) \div (368928 \div 864)$

$$= 450000 \div 427 = 1053\frac{369}{427} \ (근)$$

병 : $311040000 \div 368928 = (311040000 \div 864) \div (368928 \div 864)$

$$= 360000 \div 427 = 843\frac{39}{427} \ (근)$$

정 : $248832000 \div 368928 = (248832000 \div 864) \div (368928 \div 864)$

$$= 288000 \div 427 = 674\frac{202}{427} \ (근)$$

무 : $199065600 \div 368928 = (199065600 \div 864) \div (368928 \div 864)$

$$= 230400 \div 427 = 539\frac{247}{427} \ (근)$$

기 : $159252480 \div 368928 = (159252480 \div 864) \div (368928 \div 864)$

$$= 184320 \div 427 = 431\frac{283}{427} \text{(근)}$$

- 비단 1필을 만드는 데 실이 36냥 = 2근 4냥 필요하므로, 위에서 얻은 실의 각 수량을 36으로 나누고 [단위 조정을 위해] 16을 곱하면 필수를 얻는다. 1필은 32자로 단위를 조정한다.

갑 : $1317\frac{141}{427} \div 36 \times 16 = 9000000 \div 15372 = 250000 \div 427 = 585\frac{205}{427} \text{(필)}$

$$= 585\text{필 } \frac{205 \times 32}{427} \text{자} = 585\text{필 } \frac{6560}{427} \text{자} = 585\text{필 } 15\frac{155}{427} \text{자}$$

을 : $1053\frac{369}{427} \div 36 \times 16 = 7200000 \div 15372 = 200000 \div 427 = 468\frac{164}{427} \text{(필)}$

$$= 468\text{필 } \frac{164 \times 32}{427} \text{자} = 468\text{필 } \frac{5248}{427} \text{자} = 468\text{필 } 12\frac{124}{427} \text{자}$$

병 : $843\frac{39}{427} \div 36 \times 16 = 5760000 \div 15372 = 160000 \div 427 = 374\frac{302}{427} \text{(필)}$

$$= 374\text{필 } \frac{302 \times 32}{427} \text{자} = 374\text{필 } \frac{9664}{427} \text{자} = 374\text{필 } 22\frac{270}{427} \text{자}$$

정 : $674\frac{202}{427} \div 36 \times 16 = 4608000 \div 15372 = 128000 \div 427 = 299\frac{327}{427} \text{(필)}$

$$= 299\text{필 } \frac{327 \times 32}{427} \text{자} = 299\text{필 } \frac{10464}{427} \text{자} = 299\text{필 } 24\frac{216}{427} \text{자}$$

무 : $539\frac{247}{427} \div 36 \times 16 = 3686400 \div 15372 = 102400 \div 427 = 239\frac{347}{427} \text{(필)}$

$$= 239\text{필 } \frac{347 \times 32}{427} \text{자} = 239\text{필 } \frac{11104}{427} \text{자} = 239\text{필 } 26\frac{2}{427} \text{자}$$

기 : $431\frac{283}{427} \div 36 \times 16 = 2949120 \div 15372 = 81920 \div 427 = 191\frac{363}{427} \text{(필)}$

$$= 431\text{필 } \frac{363 \times 32}{427} \text{자} = 431\text{필 } \frac{11616}{427} \text{자} = 431\text{필 } 27\frac{87}{427} \text{자}$$

중-5-9. 지금 어느 고을이 있는데 관청이 9등급으로 집마다 세금을 매긴다. 갑등급은 364집, 을등급은 396집, 병등급은 432집, 정등급은 570집, 무등급은 584집, 기등급은 676집, 경등급은 850집, 신등급은 920집, 임등급은 1608집이다. 지금 양곡 6만 5664섬을 거두고자한다. 등급의 수를 각각 1섬 6말씩 차이지게 만들어 배정한다. 집마다 등급에 따라서 각각 얼마인가?

今有某州所管九等稅戶 甲等三百六十四戶 乙等三百九十六戶 丙等四百三十二戶 丁等五百七十戶 戊等五百八十四戶 己等六百七十六戶 庚等八百五十戶 辛等九百二十戶 壬等一千六百八戶 今料糧六萬五千六百六十四碩 今作等數各差一碩六斗配之 問每戶及逐等各幾何

답   갑등급은 집마다 18섬 5말 3되 2홉 반
　　　　　　364집 모두 6만 7458말 3되
　　　　을등급은 집마다 16섬 9말 3되 2홉 반
　　　　　　396집 모두 6만 7052말 7되
　　　　병등급은 집마다 15섬 3말 3되 2홉 반
　　　　　　432집 모두 6만 6236말 4되
　　　　정등급은 집마다 13섬 7말 3되 2홉 반
　　　　　　570집 모두 7만 8275말 2되 반
　　　　무등급은 집마다 12섬 1말 3되 2홉 반
　　　　　　584집 모두 7만 853말 8되
　　　　기등급은 집마다 10섬 5말 3되 2홉 반
　　　　　　676집 모두 7만 1199말 7되
　　　　경등급은 집마다 8섬 9말 3되 2홉 반
　　　　　　850집 모두 7만 5926말 2되 반

신등급은 집마다 7섬 3말 3되 2홉 반

920집 모두 6만 7459말

임등급은 집마다 5섬 7말 3되 2홉 반

1608집 모두 9만 2178말 6되

答曰 甲每戶 一十八碩五㪷三升二合半

三百六十四戶 共 六萬七千四百五十八㪷三升

乙每戶 一十六碩九㪷三升二合半

三百九十六戶 共 六萬七千五十二㪷七升

丙每戶 一十五碩三㪷三升二合半

四百三十二戶 共 六萬六千二百三十六㪷四升

丁每戶 一十三碩七㪷三升二合半

五百七十戶 共 七萬八千二百七十五㪷二升半

戊每戶 一十二碩一㪷三升二合半

五百八十四戶 共 七萬八百五十三㪷八升

己每戶 一十碩五㪷三升二合半

六百七十六戶 共 七萬一千一百九十九㪷七升

庚每戶 八碩九㪷三升二合半

八百五十戶 共 七萬五千九百二十六㪷二升半

辛每戶 七碩三㪷三升二合半

九百二十戶 共 六萬七千四百五十九㪷

壬每戶 五碩七㪷三升二合半

一千六百八戶 共 九萬二千一百七十八㪷六升

해법 갑등급 집의 수 364를 놓고, 8을 곱하면 2912를 얻는다. 을등급 집의 수 396을 놓고, 7을 곱하면, 2772를 얻는다. 병등급 집의 수 432를 놓고, 6을 곱하면 2592를 얻는다. 정등급 집의 수 570을 놓고, 5를 곱하면 2850을 얻는다. 무등급 집의 수 584를 놓고, 4

를 곱하면 2336을 얻는다. 기등급 집의 수 676을 놓고, 3을 곱하면 2028을 얻는다. 경등급 집의 수 850을 놓고, 2를 곱하면 1700을 얻는다. 신등급 집의 수 920을 놓고, 1을 곱하면 920을 얻는다. 여덟 자리를 모두 더하면 1만 8110을 얻는다. 차 1섬 6말을 이에 곱하면 28만 9760을 얻고 포차(抛差)가 된다. 전체 집의 수를 더하면 6400을 얻는다. 율호(率戶)의 양곡 10섬 2말 6되를 이에 곱한다. 「만약 균등하게 거둔다면 집마다 10섬 2말 6되를 얻는다.」 65만 6640을 얻는다. 이에서 포차를 뺀 나머지 36만 6880을 실이라고 하자. 전체 집의 수 6400을 법으로 해서 실을 법으로 나누면, 임등급 집마다 내는 양곡을 얻는다. 각각 차 1섬 6말을 각각 더하면, 등급에 따라 집마다 내는 양곡의 수를 얻는다. 각 등급의 전체 양곡을 구하는 것은 각 집의 양곡의 수로 각 등급의 집을 곱한다. 문제에 맞는다.

術曰 列甲等戶三百六十四 八之 得二千九百一十二 列乙等戶三百九十六 七之 得二千七百七十二 列丙等戶四百三十二 六之 得二千五百九十二 列丁等戶五百七十 五之 得二千八百五十 列戊等戶五百八十四 四之 得二千三百三十六 列己等戶六百七十六 三之 得二千二十八 列庚等戶八百五十 倍之 得一千七百 列辛等戶九百二十 以一因之 得九百二十 共倂八位 得一萬八千一百一十 以差一碩六斗乘之 得二十八萬九千七百六十 爲抛差 倂共戶 得六千四百 以率戶糧一十碩二斗六升 乘之 「若是均科每戶得一十碩二斗六升也」 得六十五萬六千六百四十 內減抛差 餘三十六萬六千八百八十 爲實 以共戶六千四百爲法 實如法而一 得壬等每戶之數 各加差一碩六斗 得逐等每戶之糧數 求各等共糧者 以各戶糧數乘其各等之戶 合問

해법에 제시된 쇠분의 방법에 따른 풀이 과정은 다음과 같다.

- 다음과 같이 각 등급 가중치와 호수의 곱을 구하여 더한다.

	등급 가중치	호수	호수와의 곱
갑 :	8	364	$8 \times 364 = 2912$(호)
을 :	7	396	$7 \times 396 = 2772$(호)
병 :	6	432	$6 \times 432 = 2592$(호)
정 :	5	570	$5 \times 570 = 2850$(호)
무 :	4	584	$4 \times 584 = 2336$(호)
기 :	3	676	$3 \times 676 = 2028$(호)
경 :	2	850	$2 \times 850 = 1700$(호)
신 :	1	920	$1 \times 920 = 920$(호)
임 :	0	1608	
계		6400호	18110호

- 위에서 얻은 18110호, 차수 16말, 세금으로 거둔 전체 식량 656640말, 전체 호수 6400호를 이용하여 다음과 같이 임등의 매 호가 내는 세금을 구한다.

임등의 매호 세금 : $(656640-18110 \times 16) \div 6400$

$= 366880 \div 6400 = 57.325$(말)

실　　　법

- 차수 16말로 차례로 더해서 각 등의 매호가 내는 세금을 구하고, 각 등의 호수와 매호의 세금을 곱하여 각 등급에서 내는 세금을 구한다.

위의 풀이에서 임등의 매호가 내는 세금을 계산하는 과정의 정당성은, 임등의 매호가 내는 세금을 x 말이라 놓고 등차 수열의 원리를 이용하여 다음과 같이 확인할 수 있다.

	매호의 세금	호수	등급의 세금
갑 :	$x+8 \times 16$	364	$(x+8 \times 16) \times 364$
을 :	$x+7 \times 16$	396	$(x+7 \times 16) \times 396$
병 :	$x+6 \times 16$	432	$(x+6 \times 16) \times 432$
정 :	$x+5 \times 16$	570	$(x+5 \times 16) \times 570$
무 :	$x+4 \times 16$	584	$(x+4 \times 16) \times 584$
기 :	$x+3 \times 16$	676	$(x+3 \times 16) \times 676$
경 :	$x+2 \times 16$	850	$(x+2 \times 16) \times 850$
신 :	$x+1 \times 16$	920	$(x+1 \times 16) \times 920$
임 :	x	1608	$x \times 1608$
계		6400호	656640말

$$(x+8 \times 16) \times 364+(x+7 \times 16) \times 396+(x+6 \times 16) \times 432+(x+5 \times 16) \times 570$$
$$+(x+4 \times 16) \times 584+(x+3 \times 16) \times 676+(x+2 \times 16) \times 850$$
$$+(x+1 \times 16) \times 920+x \times 1608 = 656640$$

$x \times (364+396+432+570+584+676+850+920+1608)+(8 \times 364+7 \times 396+6 \times 432+5 \times 570+4 \times 584+3 \times 676+2 \times 850+1 \times 920) \times 16$
$= 656640,$

$x \times 6400+18110 \times 16 = 656640,$

$$x \times 6400 = 656640\text{-}18110 \times 16 = 366880,$$
$$x = 366880 \div 6400 = 57.325(말)$$

중-5-10. 지금 어느 현이 있는데 벼 1만 870섬 8되를 상, 중, 하 세 마을에 나누어준다. 위에서부터 절반으로 만들어 차이지게 나누어준다. 「말하자면 상 마을이 6섬이면 중 마을은 3섬, 하 마을은 1섬 5말이다.」 다시 상 마을은 3등급으로 9·1절을 만들고, 중 마을은 3등급으로 2·8절을 만들고, 하 마을은 3등급으로 3·7절을 만든다. 지금 상 마을에서 상등급은 56집, 중등급은 74집, 하등급은 98집이고, 중 마을에서 상등급은 82집, 중등급은 120집, 하등급은 160집이며, 하 마을에서 상등급은 95집, 중등급은 172집, 하등급은 180집이다. 세 마을의 9등급은 각각 벼가 얼마인가?

今有某縣配粟一萬八百七十碩八升於上中下三鄕 從上作折半差配之 「謂如上鄕六碩 中鄕三碩 下鄕一碩五斗」 又上鄕三等作九一折 中鄕三等作二八折 下鄕三等作三七折 上鄕上等五十六戶 中等七十四戶 下等九十八戶 中鄕上等八十二戶 中等一百二十戶 下等一百六十戶 下鄕上等九十五戶 中等一百七十二戶 下等一百八十戶 問三鄕九等各粟幾何

답   상 마을 228집 모두 5251섬 4말 8되
      상등급 집마다 26섬,   56집 모두 1456섬
      중등급 집마다 23섬 4말,   74집 모두 1731섬 6말
      하등급 집마다 21섬 6되,   98집 모두 2063섬 8말 8되
    중 마을 362집 모두 3645섬 2말

상등급 집마다 13섬,   82집 모두 1066섬

중등급 집마다 10섬 4말,   120집 모두 1248섬

하등급 집마다 8섬 3말 2되,   160집 모두 1331섬 2말

하 마을 447집 모두 1973섬 4말

상등급 집마다 6섬 5말,   95집 모두 617섬 5말

중등급 집마다 4섬 5말 5되,   172집 모두 782섬 6말

하등급 집마다 3섬 1말 8되 5홉, 180집 모두 573섬 3말

答曰

上鄕 二百二十八戶 共五千二百五十一碩四斗八升

上等每戶 二十六碩

五十六戶 共一千四百五十六碩

中等每戶 二十三碩四斗

七十四戶 共一千七百三十一碩六斗

下等每戶 二十一碩六升

九十八戶 共二千六十三碩八斗八升

中鄕 三百六十二戶 共三千六百四十五碩二斗

上等每戶 一十三碩

八十二戶 共一千六十六碩

中等每戶 一十碩四斗

一百二十戶 共一千二百四十八碩

下等每戶 八碩三斗二升

一百六十戶 共一千三百三十一碩二斗

下鄕 四百四十七戶 共一千九百七十三碩四斗

上等每戶 六碩五斗

九十五戶 共六百一十七碩五斗

中等每戶 四碩五斗五升

一百七十二戶 共七百八十二碩六斗

下等每戶 三碩一斗八升五合

一百八十戶 共五百七十三碩三斗

해법 나누어주는 벼를 놓고 1만을 곱하여 얻은 10억 8700만 8000을 실이라고 하자. 9등급의 집에 나누어주는 수를 더하면 418만 800을 얻고 법이라고 하자. 실을 법으로 나누면, 상 마을 상등급 집마다의 수를 얻는다. 반으로 나누면 중 마을 상등급 집마다의 수를 얻는다. 또, 반으로 나누면 하 마을 상등급 집마다의 수를 얻는다. 상 마을은 차례로 9(0.9)를 곱하고, 중 마을은 차례로 8(0.8)을 곱하고, 하 마을은 차례로 7(0.7)을 곱하면, 각각 등급에 따른 집마다의 (양곡의) 수를 얻는다.

術曰 列配粟 以一萬乘之 得一十億八千七百萬八千 爲實 倂九等戶分數 得四百一十八萬八百 爲法 實如法而一 得上鄕上等每戶之數 折半 得中鄕上等每戶之數 又折半 得下鄕上等每戶之數 上鄕遞用九因 中鄕遞用八因 下鄕遞用七因 各得逐等每戶之數也

해설 먼저 상 마을 상등급 56집을 놓고, 1만을 곱하면 56만을 얻는다. 또 중등급 74집을 놓고 9000을 곱하면 66만 6000을 얻는다. 또 하등급 98집을 놓고 8100을 곱하면 79만 3800을 얻는다. 또 중 마을 상등급 82집을 놓고 5000을 곱하면 41만을 얻는다. 또 중등급 120집을 놓고 4000을 곱하면 48만을 얻는다. 또 하등급 160집을 놓고 3200을 곱하면 51만 2천을 얻는다. 다시 하 마을 상등급 95집을 놓고 2500을 곱하면 23만 9500을 얻는다. 또 중등급 172집을 놓고 1750을 곱하면 30만 1000을 얻는다. 또 하등급 180집을 놓고 1225를 곱하면 22만 500을 얻는다. 아홉 자리를 모두 더하여 얻은 418만 800을 법이라고 하자. 나누어주는 벼 1만 870섬

8되를 놓고 1만을 곱하여 얻은 10억 8700만 8000을 실이라고 하자. 실을 법으로 나누면 26섬을 얻는다. 이것이 곧 상 마을 상등급 집마다의 (벼의)수이다. 9(0.9)를 곱하면 23섬 4말을 얻는다. 이 것이 중등급 집마다의 (벼의)수이다. 또 9(0.9)를 곱하면 21섬 6되를 얻는다. 이것이 하등급 집마다의 (벼의)수이다. 다시 상 마을 상등급 집마다의 벼 26섬을 놓고 반으로 나누면 13섬을 얻는다. 이것이 중 마을 상등급 집마다의 (벼의)수이다. 8(0.8)을 곱하면 10섬 4말을 얻는다. 이것이 중등급 집마다의 (벼의)수이다. 또 8(0.8)을 곱하면 8섬 3말 2되를 얻는다. 이것이 하등급 집마다의 (벼의)수이다. 다시 중 마을 상등급 집마다의 벼 13섬을 놓고 반으로 나누면 6섬 5말을 얻는다. 이것이 하 마을 상등급 집마다의 (벼의)수이다. 7(0.7)을 곱하면 4섬 5말 5되를 얻는다, 이것이 중등급 집마다의 (벼의)수이다. 또 7(0.7)을 곱하면 3말 1말 8되를 얻는다. 이것이 하등급 집마다의 (벼의)수이다. 각각 집마다의 비율로 그 각등급의 집에 곱하면 곧 (그 등급) 전체 벼이다. 문제에 맞는다.

草曰 先列上鄕上等五十六戶 一萬乘之 得五十六萬 又列中等七十四戶 以九千乘之 得六十六萬六千 又列下等九十八戶 以八千一百乘之 得七十九萬三千八百 又列中鄕上等八十二戶 以五千乘之 得四十一萬 又列中等一百二十戶 以四千乘之 得四十八萬 又列下等一百六十戶 以三千二百乘之 得五十一萬二千 又列下鄕上等九十五戶 以二千五百乘之 得二十三萬九千五百 又列中等一百七十二戶 以一千七百五十乘之 得三十萬一千 又列下等一百八十戶 以一千二百二十五乘之 得二十二萬五百 九位共倂 得四百一十八萬八百 爲法 列配粟一萬八百七十碩八升 以一萬乘之 得一十億八千七百萬八千 爲實 實如法而一 得二十六碩 乃上鄕上等每戶之數 九因 得二十三碩四㪷 乃中等每戶之數 又九因 得二十一碩六升 乃下等每戶之數 又列上鄕上等每戶粟二十六

碩 折半 得一十三碩 乃中鄕上等每戶之數 八因 得一十碩四㪷
乃中等每戶之數 又八因 得八碩三㪷二升 乃下等每戶之數 又
列中鄕上等每戶粟一十三碩 折半 得六碩五㪷 乃下鄕上等每戶
之數 七因 得四碩五㪷五升 乃中等每戶之數 又七因 得三碩一
㪷八升五合 乃下等每戶之數 各以每戶之率乘 其各等之戶 卽
共粟 合問

해법에서는 쇠분의 방법을 적용하는 개략적인 문제 풀이 전략을 말하고 있다. 먼저, 상 마을 상등급 매호의 몫을 구한다. 이를 위해 나누어줄 벼의 10000배를 실이라고 한다. 그리고 상 마을 상등급 매호의 몫을 10000이라 할 때, 각 마을 각 등급 매호의 몫은 다음과 같다.

$$10000 : 9000 : 8100 : 5000 : 4000 : 3200 : 2500 : 1750 : 1225$$

상마을			중마을			하마을		
상등	중등	하등	상등	중등	하등	상등	중등	하등

그러므로 모든 몫의 합은 다음과 같다.

$$56 \times 10000 + 74 \times 9000 + 98 \times 8100 + 82 \times 5000 + 120 \times 4000 + 160 \times 3200$$
$$+ 95 \times 2500 + 172 \times 1750 + 180 \times 1225 = 4180800$$

따라서 상마을 상등급 매호의 몫은 다음과 같다.

$$\frac{108700.8 \times 10000}{4180800}(말) = 260(말) = 26(섬)$$

다음에는 각 마을 각 등급 매호의 몫을 구하고, 해당 등급의 호수를 곱해서 그 등급 전체의 몫을 구한다.

해설에서는 해법에서 제시한 계산 과정에 따라서 구체적인 계산을 시행하고 있다.

먼저, 상 마을 상등 매호의 몫을 10000이라고 했을 때, 해당 등급의 호수를 곱해서 전체의 몫을 구한다. 이를 법이라고 한다.

상 마을   상등 $56 \times 10000 = 560000$
중등 $74 \times 9000 = 666000$
하등 $98 \times 8100 = 793800$
중 마을   상등 $82 \times 5000 = 410000$
중등 $120 \times 4000 = 480000$
하등 $160 \times 3200 = 512000$
하 마을   상등 $95 \times 2500 = 239500$
중등 $172 \times 1750 = 301000$
하등 $180 \times 1225 = 220500$
계 4180800 …… 법

나누어줄 벼 전체에도 10000을 곱한다. 이를 실이라고 한다.

$108700.8 \times 10000 = 1087008000$ …… 실

실을 법으로 나누어 상 마을 상등 매호의 몫을 구한다.

$1087008000 \div 4180800 = 260(말) = 26(섬)$

각 마을 각 등급 매호의 몫 및 각 등급 전체의 몫을 구한다.

		매호의 몫(단위: 섬)	해당 등급 전체의 몫(단위: 섬)
상 마을	상등	26	$26 \times 56 = 1456$
	중등	$26 \times 0.9 = 23.4$	$23.4 \times 74 = 1731.6$
	하등	$23.4 \times 0.9 = 21.06$	$21.06 \times 98 = 2063.88$
			소계 228호 5251.48섬
중 마을	상등	$26 \times 0.5 = 13$	$13 \times 82 = 1066$
	중등	$13 \times 0.8 = 10.4$	$10.4 \times 120 = 1248$
	하등	$10.4 \times 0.8 = 8.32$	$8.32 \times 160 = 1331.2$
			소계 362호 3645.2섬
하 마을	상등	$13 \times 0.5 = 6.5$	$6.5 \times 95 = 617.5$
	중등	$6.5 \times 0.7 = 4.55$	$4.55 \times 172 = 782.6$
	하등	$4.55 \times 0.7 = 3.185$	$3.185 \times 180 = 573.3$
			소계 447호 1973.4섬

이 풀이는 상 마을 상등 매호의 몫을 x 섬이라 할 때, 에 배분된 벼를 구하는 과정은, 그것을 $100x$ 말이라 하고 다음과 같이 각 등급에 배분된 수량을 구하고 일차 방정식을 이용하여 답을 구하는 과정으로 설명할 수 있다.

	상 마을			중 마을			하 마을		
	상등	중등	하등	상등	중등	하등	상등	중등	하등
	100x	90x	81x	50x	40x	32x	25x	17.5x	12.25x
호수	56	74	98	82	120	160	95	172	180

총계: 108700.8말

$$(56 \times 100x + 74 \times 90x + 98 \times 81x) + (82 \times 50x + 120 \times 40x + 160 \times 32x)$$
$$+ (95 \times 25x + 172 \times 17.5x + 180 \times 12.25x) = 108700.8,$$

$$(56 \times 100x + 74 \times 90x + 98 \times 81x) + (82 \times 100x + 120 \times 80x + 160 \times 64x) \div 2$$
$$+ (95 \times 100x + 172 \times 70x + 180 \times 49x) \div 4 = 108700.8,$$

$$(5600 + 6660 + 7938)x + (8200 + 9600 + 10240)x \div 2$$
$$+ (9500 + 12040 + 8820)x \div 4 = 108700.8,$$

$$20198x + 28040x \div 2 + 30360x \div 4 = 108700.8,$$

$$20198x + 14020x + 7590x = 108700.8,$$

$$20198x + 14020x + 7590x = 108700.8,$$

$$41808x = 108700.8,$$

$$100x = 108700.8 \times 100 \div 41808 = 260(말)$$

나머지는 위와 같다.

상공수축문 열세 문제

商功修築門 十三問

　　여기서는 토목 공사와 관련된 문제를 다루는데, 『구장산술』 제5권 「상공」과 관련이 깊다. 제1문에서는 흙을 파내어 쌓아두었을 때와 다졌을 때의 부피 사이의 관계를 알아본다. 다음 다섯 문제에서는 담, 성, 둑을 쌓거나 운하를 만드는 경우와 관련된 단면이 사다리꼴인 기둥의 부피를 구하고, 이의 역 문제를 알아보며, 이런 공사에 필요한 흙의 양과 인부의 수 등을 계산한다. 그 뒤 다섯 문제에서는 보도[1] 또는 돈대[2]와 관련된 정사각기둥, 원기둥, 정사각뿔대, 원뿔대, 정사각뿔의 부피를 구하고 있다.

　　제12문에서는 원뿔에서 밑면의 둘레와 높이가 주어졌을 때, 그 부피를 고법, 휘술, 밀률에 따라 구하고, 마지막 문제에서는 원 둘레를 계산하여 성의 외곽에 일정한 간격으로 설치한 시설물의 개수를 구한다.

---

1) 堡壔, 방축 또는 작은 성.
2) 墩臺, 조금 높직한 평지, 사방을 바라보기 위하여 흙을 높이 쌓은 것.

답 굳은 흙 270자
     부드러운 흙 450자
答曰 堅 二百七十尺
      壞 四百五十尺

해법 360세제곱자를 놓고 굳은 흙을 구하려면, 그것에 3자를 곱해서
    1080세제곱자를 얻고 이에 파낸 흙 4자로 나누어 270세제곱자를
    얻으면 다져서 굳은 흙이다. 다시 360세제곱자를 놓고 부드러운
    흙을 구하려면, 그것에 5를 곱해서 1800세제곱자를 얻고 역시 이
    에 파낸 흙 4자로 나누면 부드러운 흙을 얻는다. 문제에 맞는다.
術曰 列三百六十尺 以築堅三尺因之 得一千八十尺 以穿地四尺除之
    得二百七十尺 爲堅也 又列三百六十尺 以壞五尺因之 得一千
    八百尺 亦以穿地四尺 除之 得壞也 合問

❀ **• 역자 주해 •**

파낸 흙의 부피를 알 때, 다져서 굳힌 흙과 부드러운 흙의 부피를 차
례로 구하고 있다.
담을 쌓는 데 필요한 흙은 기존의 땅에서 채취해야 하는데, 이렇게 채

취해 놓은 부드러운 흙은 파낸 땅 부피의 $\frac{5}{4}$배가 된다고 가정하고 있다. 그리고 담을 쌓을 때는 이를 다져서 굳히는데, 이렇게 얻은 굳은 흙의 부피는 파낸 땅 부피의 $\frac{3}{4}$배가 된다고 가정하고 있다. 이는 『구장산술』 제5권 「상공」 제1문의 풀이법에 있는 다음과 같은 규칙이다.

"파낸 흙을 4라고 하면, 부드러운 흙은 5, 굳은 흙은 3, 둔덕은 4이다.(穿地四 爲壤五 爲堅三 爲墟四)"

이에 따라 다음을 얻는다.

[4 : 3 = (파낸 흙) : (굳은 흙)]

(굳는 흙) = (파낸 흙) $\times \frac{3}{4} = \frac{360 \times 3}{4} = \frac{1080}{4} = 270$(세제곱자),

[4 : 5 = (파낸 흙) : (부드러운 흙)]

(부드러운 흙) = (파낸 흙) $\times \frac{5}{4} = \frac{360 \times 5}{4} = \frac{1800}{4} = 450$(세제곱자)

중-6-2. 지금 성이 있는데, 높이는 4장 6자고 아래 너비는 3장 6자며 위의 너비는 1장 8자고 길이는 64리다. 부피는 얼마인가?

今有城 高四丈六尺 下廣三丈六尺 上廣一丈八尺 袤六十四里 問積幾何

답 1억 4307만 8400세제곱자
答曰 一億四千三百七萬八千四百尺

해법 위와 아래 너비를 더하여 반으로 나누면, 27자를 얻는다. 「위와 아래의 평균 너비다.」 이에 높이 4장 6자를 곱하여 얻은 1242자를 윗자리에 놓자. 또 길이 64리를 놓고, 이에 척리법(尺里法) 1800으로 단위를 자로 환산하면 11만 5200자를 얻는다. 이를 윗자리와 곱하면 성의 부피 세제곱자를 얻는다. 문제에 맞는다.

術曰 併上下廣 而半之 得二十七尺 「上下停也」 以高四丈六尺乘之 得一千二百四十二尺 於上位 又列袤六十四里 以尺里法一千八百通之 得一十一萬五千二百尺 以乘上位 得城積尺也 合問

❀ • 역자 주해 •

성은 지면에 수직인 단면이 사다리꼴인 기둥으로 가정하고 있다. 그리고 단위 사이의 관계 '1리 = 1800자'를 이용한다. 그러므로 성의 부피 V는 다음과 같다.

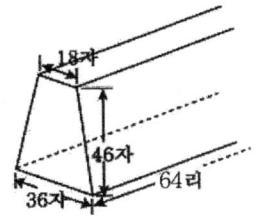

$$V = (단면의\ 넓이) \times (길이)$$
$$= \frac{(위\ 너비) + (아래너비)}{2} \times (높이) \times (길이)$$
$$= \frac{36 + 18}{2} \times 46 \times 115200 = 143078400(세제곱자)$$

중-6-3. 지금 담이 있는데, 아래 너비가 4자고 위의 너비는 3자며 높이가 9자고 길이는 2리 50보다. 부피는 얼마인가?

今有墻[3] 下廣四尺 上廣三尺 高九尺 袤二里五十步 問積幾何

답 12만 1275세제곱자

答曰 一十二萬一千二百七十五尺

해법 아래 너비를 놓고 위의 너비를 더하여 반으로 나누면 3자 5치를 얻는다. 「이것은 위와 아래의 평균 너비다.」 이에 높이 9자를 곱하여 얻은 31자 5치를 자리에 맡겨두자. 또, 길이 2리를 놓고 360보를 곱하여 환산하고 아랫수를 더하면 770보를 얻는다. 이에 5자를 곱하면 3850자를 얻는다. 이를 맡겨둔 자리와 곱하면 담의 부피를 얻는다. 문제에 맞는다.

術曰 列下廣 併入上廣 半之 得三尺五寸 「乃上下停闊也」 以高九尺乘之 得三十一尺五寸 寄位 又列袤二里 以三百六十步通之內子 得七百七十步 以五尺因之 得三千八百五十尺 以乘寄位 得墻³⁾ 積尺也 合問

※ **• 역자 주해 •**

담은 지면에 수직인 단면이 사다리꼴인 기둥으로 가정하고 있다. 그리고 단위 사이의 관계 '1장 = 10자, 1리 = 360보, 1보 = 5자'를 이용한다. 그러므로 담의 (쌓은) 부피 V 는 다음과 같다.

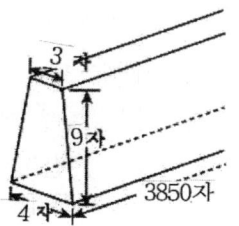

$$V = (단면의 넓이) \times (길이)$$
$$= \frac{(위\ 너비) + (아래\ 너비)}{2} \times (높이) \times (길이)$$

---

3) 牆과 同字.

$$= \frac{4+3}{2} \times 9 \times 3850 = 121275 \text{(세제곱자)}$$

> **중-6-4.** 지금 담이 있는데, 부피가 6만 8886자다. 다만, 위의 너비
> 가 2자 2치고 아래의 너비가 3자 8치며 길이는 1리 145보라고
> 한다. 높이는 얼마인가?
>
> 今有垣 積六萬八千八百八十六尺 只云上廣二尺二寸 下廣三尺八寸
> 袤一里一百四十五步 問高幾何

답   8자 6치

答曰 八尺六寸

해법 부피를 두고 실이라고 하자. 길이 1리를 놓고 고법 300보로 단위
를 보로 환산하고 아랫수를 더하면 445보를 얻는다. 또, 보척법
6을 이에 곱하여 얻은 2670자를 법이라고 하자. 실을 법으로 나
누면, 25자 8치를 얻는다. 또, 위와 아래의 너비를 더하여 반으로
나누면 3을 얻는다. 이것으로 나누면 곧 높이다. 문제에 맞는다.

術曰   置積爲實 列袤一里 以古法三百步通之內子 得四百四十五步
又以步尺法六因之 得二千六百七十尺 爲法 實如法而一 得二
十五尺八寸 又倂上下廣 折半 得三尺 除之 卽高 合問

🌸 • **역자 주해** •

이 문제에서는 담의 부피와 위와 아래 너비 및 길이가 주어졌을 때,

담의 높이를 구하고 있다. 담의 길이는 고법에
따라 다음과 단위를 자로 환산하면 다음과 같다.

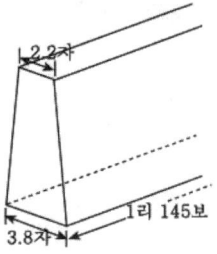

1리 145보 = 300보 145보 = (445×6)자 = 2670자

해법에서는 담의 부피를 구하는 공식을 변형
하여, 담의 높이 h 를 다음과 같이 구했다.

$$h = \{(부피) \div (길이)\} \div \frac{(위\ 너비) + (아래\ 너비)}{2}$$

$$= \{68886 \div 2670\} \div \frac{3.8 + 2.2}{2}$$

$$= 25.8 \div 3 = 8.6(자)$$

중-6-5. 지금 운하를 뚫어야 하는데, 아래 너비는 1장 8사 7치고 위
의 너비는 2장 6자 3치며 깊이는 1장 5자고 길이는 36리 285보.
봄의 공정에서는 한 사람이 598세제곱자를 공사한다. 흙을 퍼낸
공사가 (전체의) $\frac{2}{7}$ 이었다. 쓰인 일꾼은 얼마인가?

今要開河 下廣一丈八尺七寸 上廣二丈六尺三寸 深一丈五尺 袤三
十六里二百八十五步 春程人功五百九十八尺 除出土功七分之二 問
用徒幾何

답　5만 2551 $\frac{477}{598}$ 사람

答曰 五萬二千五百五十一人 五百九十八分人之四百七十七

해법 봄 동안에 하는 일 598세제곱자를 놓고, 5를 곱하고 7로 나누면 완성한 일 $427\frac{1}{7}$ 세제곱자를 얻는다. 위와 아래 너비를 더하고 이를 반으로 나누면 2장 2자 5치를 얻는다. 깊이 1장 5자로 이에 곱하여 얻은 337자 5치를 자리에 맡겨두자. 길이 36리를 놓고 고법 300보로 단위를 보로 환산하고 아랫수를 더하면 1만 1085보를 얻는다. 6을 이에 곱해서 자로 환산하면 6만 6510자를 얻는다. 맡겨둔 자리와 곱하여 얻은 2244만 7125자가 운하의 부피가 된다. 분모 7로 이에 곱하여 얻은 1억 5712만 9875를 실이라고 하자. 완성한 일 427자를 놓고 통분해서 아랫수를 더하여 얻은 2990을 법이라고 하자. 실을 법으로 나누고, 법에 차지않는 것은 각각 5로 약분한다. 문제에 맞는다.

術曰 列程功五百九十八尺 五之七而一 得定功四百二十七尺 七分尺之一也 幷上下廣 而半之 得二丈二尺五寸 以深一丈五尺乘之 得三百三十七尺五寸 寄位 列袤三十六里 以古法三百步 通之 內子 得一萬一千八十五步 六之通尺 得六萬六千五百一十尺 以乘寄位 得二千二百四十四萬七千一百二十五尺 爲河積也 以分母七之 得一億五千七百一十二萬九千八百七十五 爲實 列定功積四百二十七尺 通分內子 得二千九百九十爲法 實如法而一 不滿法者 各以五約之 合問

🌸 • 역자 주해 •

해법에서는 운하의 부피를 구하고, 한 사람의 몫을 이용하여 필요한 일꾼의 수를 구하고 있다. 각 과정은 다음과 같다.

- 먼저 다음과 같이 공정을 바로잡는다.

$$598 \times \frac{5}{7} = 427\frac{1}{7}(\text{세제곱자})$$

- 운하를 지면에 수직인 단면이 사다리
꼴인 기둥으로 가정하고 있다. 그러
므로 운하의 부피(파낸 땅의 부피) V 는
다음과 같다.

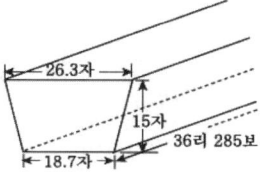

$V = (\text{단면의 넓이}) \times (\text{길이})$

$\quad = \dfrac{(\text{위 너비}) + (\text{아래너비})}{2} \times (\text{깊이}) \times (\text{길이})$

$\quad = \dfrac{18.7 + 26.3}{2} \times 15 \times 66510 = 22.5 \times 15 \times 66510 = 337.5 \times 66510$

$\quad = 22447125(\text{세제곱자})$

- 바로잡은 공정 $427\frac{1}{7}$ 세제곱자로 위에서 구한 운하의 부피를 나
누어, 다음과 같이 고용할 사람의 수를 구한다.

$$22447125 \div 427\frac{1}{7} = 22447125 \div \frac{2990}{7} = \frac{22447125 \times 7}{2990}$$

$$= \frac{157129875}{2990} = 52551\frac{2385}{2990} = 52551\frac{477}{598}(\text{명})$$

중-6-6. 지금 둑을 쌓으려고 하는데, 위의 너비가 6자 4치고 아래
의 너비가 1장 5자 6치며 높이가 6자고 길이는 3리 74보다. 겨울
의 공정에서는 한 사람이 364세제곱자를 공사한다. 전체로 쓰인
일꾼은 얼마인가?

今今要築堤 上廣六尺四寸 下廣一丈五尺六寸 高六尺 袤三里七十
四步 冬程人功三百六十四尺 問共用徒幾何

답 $1059\frac{57}{91}$ 명

答曰 一千五十九人 九十一分人之五十七

해법 위와 아래 너비를 더하여 반으로 나누면 1장 1자를 얻는다. 「평균 너비다.」 이에 높이 6자를 곱하여 얻은 66자를 윗자리에 놓자. 또, 길이 3리를 놓고, 고법 300보로 단위를 보로 환산해서 아랫수를 더하면 974보를 얻는다. 또, 척법(尺法) 6을 이에 곱하면 5844자를 얻는다. 이것을 윗자리와 곱하여 얻은 38만 5704자가 둑의 부피다. 한 사람의 일 364자를 법이라고 하자. 실을 법으로 나누고 법에 차지 않는 것은 각각 4로 약분하면 곧 얻은 것은 문제에 맞는다.

術曰 倂兩廣 而半之 得一丈一尺 「爲停闊也」 以高六尺乘之 得六十六尺 於上位 又列袤三里 以古法三百步通之內子 得九百七十四步 又以尺法六因之 得五千八百四十四尺 以乘上位 得三十八萬五千七百四尺 爲堤積也 以人功三百六十四尺爲法 實如法而一 不滿法者 各以四約之 卽得合問

🌸 • **역자 주해** •
_____

해법에서는 둑의 부피를 구하고, 한 사람의 몫을 이용하여 필요한 일꾼의 수를 구하고 있다. 각 과정은 다음과 같다.

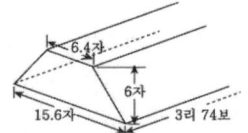

- 둑은 지면에 수직인 단면이 사다리꼴인 기둥으로 가정하고 있다. 그러므로 둑의 부피 V 는 다음과 같다.

$$V = (\text{단면의 넓이}) \times (\text{길이})$$

$$= \frac{(\text{위 너비}) + (\text{아래 너비})}{2} \times (\text{높이}) \times (\text{길이})$$

$$= \frac{6.4 + 15.6}{2} \times 6 \times 5844 = 11 \times 6 \times 5844 = 66 \times 5844$$

$$= 385704(\text{세제곱자})$$

- 한 사람의 몫인 부피 364세제곱자로 위에서 구한 둑의 부피를 나누어, 다음과 같이 고용한 사람의 수를 구한다.

$$385704 \div 364 = (1059 \times 364 + 228) \div 364$$

$$= 1059\frac{228}{364} = 1059\frac{57}{91}(\text{명})$$

중-6-7. 지금 정사각기둥 모양의 보도가 있는데, 밑면의 한 변이 24자고 높이는 2장 1자다. 부피는 몇 자인가?

今有方堡墇 自方二十四尺 高二丈一尺 問積尺幾何

답 1만 2096자

答曰 一萬二千九十六尺

해법 한 변 24자를 놓고 제곱하면 576자를 얻는다. 또, 높이 2장 1자를 이에 곱하여 얻은 1만 2096자가 부피다. 문제에 맞는다.

術曰 列方二十四尺 自乘 得五百七十六尺 又以高二丈一尺乘之 得一萬二千九十六尺 爲積也 合問

이 문제에서는 정사각기둥 모양 보도의 부피
를 구하고 있다. 정사각기둥의 부피를 구하는 방
법에 따라, 다음과 같이 밑면 한 변의 길이의 제
곱과 높이를 곱하여 보도의 부피 V를 구한다.

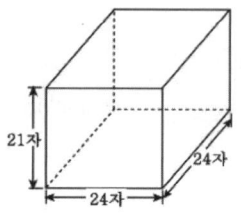

$$V = (24자)^2 \times 21자 = 12096세제곱자$$

중-6-8. 지금 원기둥 모양의 보도가 있는데, 둘레가 3장 7자고 높
이가 1장 4자다. 부피는 몇 자인가?

今有圓堡壔 周三丈七尺 高一丈四尺 問積尺幾何

답 $1597\frac{1}{6}$자

答曰 一千五百九十七尺 六分尺之一

해법 둘레 3장 7자를 놓고 제곱하면 1369자를 얻는다. 또, 높이 1장 4
자를 이에 곱하면 1만 9166자를 얻는다. 원법 12로 나누고, 법에
차지 않는 것은 각각 반으로 나눈다. 문제에 맞는다.

術曰 列周三丈七尺 自乘 得一千三百六十九尺 又以高一丈四尺乘之
得一萬九千一百六十六尺 以圓法十二而一 不滿法者 各半之
合問

이 문제에서는 원기둥 모양의 보도의 부피를 구하고 있다. 다음과 같이, 둘레의 제곱과 높이의 곱을 12로 나누어 돈대의 부피 V를 구했다.

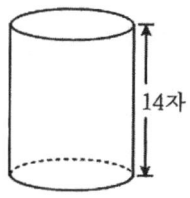

$$V = (37자)^2 \times 14자 \div 12$$
$$= 1369제곱자 \times 14자 \div 12 = 19166 \div 12$$
$$= 1597\frac{1}{6}\ \text{세제곱자}$$

이 과정은, 고법에 따라 원주율이 $\pi_1 = 3$일 때 반지름이 r이고, 이에 따라 둘레가 $l = 2\pi_1 r = 6r$이고 높이가 h인 원기둥의 부피 V를 다음과 같이 구하는 방법과 일치한다.

$$V = \frac{l^2 h}{12} = \frac{(2\pi_1 r)^2 h}{12} = \frac{4\pi_1^2 r^2 h}{12} = \pi_1 r^2 h$$

중-6-9. 지금 정사각뿔대 모양의 정자대(亭臺)가 한 곳 있는데, 위 모서리는 2장 8자고 아래 모서리는 3장 2자며 높이는 4장 6자다. 부피는 몇 자인가?

今有方亭臺一所 上方二丈八尺 下方三丈二尺 高四丈六尺 問積尺幾何

답 4만 $1461\frac{1}{3}$자

答曰 四萬一千四百六十一尺 少半尺

해법 위 모서리를 제곱하고, 아래 모서리도 제곱한다. 또, 위와 아래 모서리를 서로 곱한다. 세 수를 더하면 모두 2704자다. 또, 높이 4장 6자를 이에 곱하면 12만 4384자를 얻는다. 3으로 나누고 법에 차지 않는 것은 분수로 나타낸다. 문제에 맞는다.

술日 上方自乘 下方亦自乘 又上下方相乘 三位倂之 共得二千七百四尺 又以高四丈六尺乘之 得一十二萬四千三百八十四尺 以三而一 不滿法者命之 合問

❁ • 역자 주해 •

이 문제에서는 정사각뿔대 모양의 정자대의 부피를 구하고 있다. 다음과 같이 위 모서리의 제곱과 아래 모서리의 제곱 및 위와 아래 모서리의 곱의 합에 높이를 곱하고 3으로 나누어 곳집의 부피 V를 구한다.

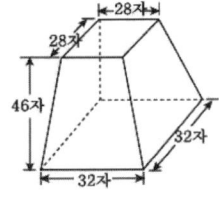

$$V = (28^2 + 32^2 + 28 \times 32) \times 46 \div 3$$
$$= 2704 \times 46 \div 3 = 41461\frac{1}{3} \,(\text{세제곱자})$$

이 과정은, 위 모서리의 길이가 a이고 아래 모서리의 길이가 b이며 높이가 h인 정사각뿔대의 부피 V를 구하는 다음 공식과 일치한다.

$$V = \frac{h(a^2 + ab + b^2)}{3}$$

이 공식의 유도는 문제 ≪중-2-7≫의 역자 주해 2와 3을 참조하라.

중-6-10. 지금 원뿔대 모양의 정자대가 한 곳 있는데, 아래 둘레는 4장 2자고 위의 둘레는 2장 9자며 높이는 3장 8자다. 부피는 얼마인가?

今有圓亭臺一所 下周四丈二尺 上周二丈九尺 高三丈八尺 問積幾何

답 $4035\frac{7}{18}$ 자

答曰 四千三十五尺 一十八分尺之七

해법 아래 둘레를 제곱하고 위의 둘레도 제곱한다. 또, 위쪽과 아래쪽 둘레를 서로 곱한다. 세 수를 모두 더하면 3823자를 얻는다. 또, 높이 3장 8자를 이에 곱하면 14만 5274자를 얻는다. 36으로 나누고, 법에 차지 않는 것은 각각 반으로 나눈다. 문제에 맞는다.

術曰 下周自乘 上周亦自乘 又上下周相乘 三位併之 共得三千八百二十三尺 又以高三丈八尺乘之 得一十四萬五千二百七十四尺 以三十六而一 不滿法者 各半之 合問

🏵 • 역자 주해 •

원뿔대 모양 정자대의 부피는, 고법에 따라 원주율이 $\pi_1 = 3$일 때 위 둘레의 길이가 l_1이고 아래 둘레의 길이가 l_2이며 높이가 h인 원뿔대의 부피 V에 대한 다음 공식을 이용하여 구할 수 있다.

$$V = \frac{h(l_1^2 + l_1 l_2 + l_2^2)}{36}$$

이 공식의 유도는 문제 ≪중-2-8≫의 역자 주해 2 를 참조하라. 따라서 이 문제에 주어진 돈대의 부피 V는 다음과 같다.

38자

$$V = (42^2 + 29^2 + 42 \times 29) \times 38 \div 36$$
$$= 3823 \times 38 \div 36 = 145274 \div 36$$
$$= 4035\frac{14}{36} = 4035\frac{7}{18} \text{(세제곱자)}$$

중-6-11. 지금 정사각뿔이 있는데, 아래의 모서리는 2장 5자고 높이는 2장 8자다. 부피는 몇 자인가?

今有方錐 下方二丈五尺 高二丈八尺 問積尺幾何

답 $5833\frac{1}{3}$자

答曰 五千八百三十三尺 少半尺

해법 아래 모서리 2장 5자를 놓고 제곱하면 625자를 얻는다. 또, 높이 2장 8자로 이에 곱하면 1만 7500자를 얻는다. 3으로 나누고, 법에 차지 않는 것은 분수로 나타낸다. 문제에 맞는다.

術曰 列下方二丈五尺 自乘 得六百二十五尺 又以高二丈八尺乘之 得一萬七千五百尺 以三而一 不滿法者命之 合問

아래 모서리가 2장 5자고 높이가 2장 8자인 정사각뿔의 부피 V를 다음과 같이 구하고 있다.

$$V = 25^2 \times 28 \div 3$$
$$= 625 \times 28 \div 3$$
$$= 17500 \div 3$$
$$= 5833\frac{1}{3} \text{(세제곱자)}$$

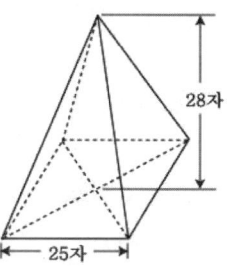

28자

25자

중-6-12. 지금 원뿔이 있는데, 아래의 둘레는 5장 4자고 높이는 3장 7자다. 고법과 양휘의 방법 및 밀률에 따른 세 부피는 얼마인가?

今有圓錐 下周五丈四尺 高三丈七尺 問爲古徽密三積幾何

답   고법에 따른 부피 2997자
양휘의 방법에 따른 부피 $2863\frac{59}{157}$자
밀률에 따른 부피 $2860\frac{17}{22}$자

答曰   古積 二千九百九十七尺
徽積 二千八百六十三尺 一百五十七分尺之五十九
密積 二千八百六十尺 二十二分尺之一十七

고법   아래쪽 둘레 5장 4자를 놓고 제곱하면, 2916자를 얻는다. 높이 3장 7자를 이에 곱하여 얻은 10만 7892자를 실이라고 하자. 36을

법으로 하여, 실을 법으로 나눈다. 그러면 고법에 따른 부피를 얻는다. 문제에 맞는다.

古法曰 列下周五丈四尺 自乘 得二千九百一十六尺 以高三丈七尺乘之 得一十萬七千八百九十二尺 爲實 以三十六爲法 實如法而一 得古積 合問

휘술 아래쪽 둘레를 놓고 제곱한다. 또, 높이를 이에 곱한다. 이에 또 다시 25를 곱하여 얻은 269만 7300자를 실이라고 하자. 942를 법으로 하여, 실을 법으로 나눈다. 「법의 수로 삼은 것은 곧 원법 12를 휘술 원둘레의 반 78.5에 곱한 것이다. 그래서 법이 된다.」 법에 차지 않는 것은 각각 6으로 약분하면, 양휘의 방법에 따른 부피를 얻는다. 문제에 맞는다.

徽術曰 列下周 自乘 又以高乘之 又以二十五乘之 得二百六十九萬七千三百 爲實 以九百四十二爲法 實如法而一 「爲法數者 乃圓法十二乘 半徽周七十八分半 故爲法也」 不滿法者 各以六約之 得徽積 合問

밀률 아래쪽 둘레를 놓고 제곱한다. 또, 높이를 그것에 곱하고 또다시 7을 곱하여 얻은 75만 5244를 실이라고 하자. 264를 법으로 하여, 실을 법으로 나눈다. 「법의 수로 삼은 것은 곧 원법 12를 밀법의 원둘레 22에 곱한 것이다. 그래서 법이 된다.」 법에 차지 않는 것은 각각 12로 이를 약분한다. 문제에 맞는다.

密率曰 列下周 自乘 又以高乘之 又以七因之 得七十五萬五千二百四十四爲實 以二百六十四爲法 實如法而一 「爲法之數 乃圓法十二乘 密周二十二 故爲法」 不滿法者 各以十二約之 合問

아래 둘레와 높이가 주어졌을 때, 원뿔의 부피를 고법, 휘술, 밀률에 따라 구하고 있다. 원뿔의 부피는 문제 ≪중-2-2≫에서 다룬 적이 있다.

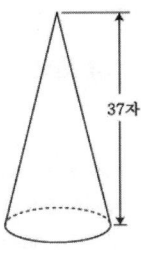

아래 둘레를 l, 높이를 h 로 나타내고, 고법, 휘술, 밀률에서의 원주율을 차례로 $\pi_1 = 3$, $\pi_2 = \dfrac{157}{50}$, $\pi_3 = \dfrac{22}{7}$ 로 나타내겠다. 이에 따라 고법, 휘술, 밀률에서의 반지름을 차례로 r_1, r_2, r_3이라 하면, 다음이 성립한다.

$$l = 2\pi_1 r_1 = 2\pi_2 r_2 = 2\pi_3 r_3$$

위에 제시된 원뿔의 부피 V에 대한 세 해법을 차례로 알아보면 다음과 같다.

[1] 고법 : $V = l^2 \times h \div 36 = 54^2 \times 37 \div 36 = 2997 (\text{자}^3)$

이 계산 과정의 정당성은 다음과 같이 확인할 수 있다.

$$V = l^2 \times h \div 36 = (2\pi_1 r_1)^2 \times h \div 36 = \frac{2^2 \pi_1}{12} \times \frac{\pi_1 r_1^2 h}{3} = \frac{\pi_1 r_1^2 h}{3}$$

[2] 휘술 : $V = l^2 \times h \times 25 \div 942 = 54^2 \times 37 \times 25 \div 942 = 2863\frac{59}{157} (\text{자}^3)$

이 계산 과정의 정당성은 다음과 같이 확인할 수 있다.

$$V = l^2 \times h \times 25 \div 942 = (2\pi_2 r_2)^2 \times h \times 25 \div 942 = \frac{25 \cdot 2^2 \pi_2}{2 \times 157} \times \frac{\pi_2 r_2^2 h}{3}$$

$$= \frac{\pi_2 r_2^2 h}{3}$$

[3] 밀률 : $V = l^2 \times b \times 7 \div 264 = 54^2 \times 37 \times 7 \div 264 = 2860 \frac{17}{22}$ (자^3)

이 계산 과정의 정당성은 다음과 같이 확인할 수 있다.

$$V = l^2 \times b \times 7 \div 264 = (2\pi_3 r_3)^2 \times h \times 7 \div 264 = \frac{7 \cdot 2^2 \pi_3}{4 \times 22} \times \frac{\pi_3 r_3^2 h}{3} =$$

$$\frac{\pi_3 r_3^2 h}{3}$$

중-6-13. 지금 원 모양의 성을 하나 쌓으려 한다. 안쪽 둘레는 26리 219보고, 두께는 3보 반이다. 각각 너비가 4보인 수문(水門) 4곳과 각각 너비가 2보 4자인 한문(旱門) 4곳은 제외한다. 다만, 성에서 바깥쪽 변에는 2보 2자마다 유두(乳頭)를 3개 설치한다고 한다. 전체로 설치하는 유두는 얼마인가? 「리보척률은 고법에 따른다.」

今欲築圓城一座 內周二十六里二百一十九步 厚三步半 除水門四處 各闊四步 旱門四處 各闊二步四尺 只云從城外邊每二步二尺 安乳頭三枚 問共安乳頭幾何 「里步尺率 依古法」

답 1만 302$\frac{6}{7}$ 매

答曰 一萬三百二枚 七分枚之六

해법 안쪽 둘레를 놓고, 리를 (보로) 환산하고 아랫수를 더하면 8019보를 얻는다. 이를 윗자리에 놓는다. 두께의 보수를 배로 하고 3을 곱하여 윗자리에 더한다. 이에 6자를 곱하면 4만 8240자를 얻는다. 「곧 성의 바깥쪽 둘레의 수다.」 자리에 맡겨둔다. 수문의 너비 4보를 놓고 6을 곱하고, 또 4를 곱하면 96자를 얻는다. 맡겨둔 자리에서 뺀다. 또, 한문의 너비 2보 4자를 놓고, 6을 곱하여 단위를 보로 환산하고 아랫수 4를 더한다. 또 4를 이에 곱하면 64자를 얻는다. 또, 맡겨둔 자리에서 빼면 나머지는 4만 8080자다. 「곧 성의 바깥쪽 둘레이다. 그에 맞게 유두를 설치한다.」 3을 이에 곱하여 얻은 14만 4240을 실이라고 하자. 또, 2보를 놓고 6을 곱하고 (단위를 자로 환산하고) 아랫수 2자를 더하여 얻은 14자를 법이라고 하자. 실을 법으로 나누고, 법에 차지 않는 것은 각각 2로 나눈다. 문제에 맞는다.

術曰 列內周 通里內子 得八千一十九步 於上位 倍厚步 三之 加上位 以六尺因之 得四萬八千二百四十尺 「乃城外周之數」 寄位 列水門 闊四步 六之 又四之 得九十六尺 以減寄位 又列旱門闊二步 以六因之 內子四 又四之 得六十四尺 又減寄位 餘四萬八千八 十尺 「乃城外周合安乳頭之數」 三之 得一十四萬四千二百四十 爲 實 又列二步六之 內子二 得一十四尺 爲法 實如法而一 不滿 法者 各半之 合問

🌸 • **역자 주해** •

해법에서 제시한 풀이 과정은 다음과 같다.

- 안쪽 둘레를 단위 보를 이용하여 나타낸다.
  26리 219보 = (26 × 300)보 219보 = 8019보

- 안쪽 둘레보다 반지름이 3.5보 더 긴 둘레를 구한다.

$$2 \times \pi_1 \times (\text{안쪽 반지름}+3.5) = 2 \times \pi_1 \times (\text{안쪽 반지름})+2 \times \pi_1 \times 3.5$$
$$= (\text{안쪽 둘레})+2 \times 3 \times 3.5$$
$$= 8019+21 = 8040(\text{보})$$
$$= (8040 \times 6)\text{자} = 48240\text{자} \cdots\cdots \textcircled{3}$$

- 문의 너비를 모두 더한다.

수문 : $4 \times 4 = 16(\text{보}) = (16 \times 6)\text{자} = 96\text{자},$
한문 : $4 \times (2\text{보 }4\text{자}) = 4 \times (16\text{자}) = 64\text{자}$

- ③에서 문의 너비를 빼서 성의 바깥쪽 둘레를 얻는다.

$$48240-96-64 = 48080(\text{자})$$

- 성의 바깥쪽 둘레를 3으로 곱하고 2보 2자, 즉 14자로 나누어 안 유두의 개수를 구한다.

$$48080(\text{자}) \times \frac{3}{14}(\text{매}/\text{자}) = 10302\frac{12}{14}\text{매} = 10302\frac{6}{7}\text{매}$$

귀천반율문 여덟 문제

貴賤反率門 八問

여기서는 『구장산술』 제2권 「속미」의 뒤쪽에 있는 '기율술(其率術)' 및 '반기율술(反其率術)'로 해결하는 문제를 다룬다. 기율술은 단가가 1문 차이나는 두 물건을 합쳐서 일정한 수량 구매하고 일정한 값을 지불한 경우에 구매한 각 물건의 수량을 구하는 문제에 적용된다. 그리고 반기율술은 1문에 구매할 수 있는 수량이 한 개(또는 한 단위) 차이나는 두 물건을 구매한 경우에 적용된다. 두 가지 방법은 문제 ≪중-7-1≫의 해법에 있는 저자의 주석에 제시되어 있다.

중-7-1. 지금 돈 345문을 가지고 단향과 유향을 합하여 140냥 샀다. 다만 유향의 한 냥 값은 단향의 한 냥 값보다 1문 비싸다고 한다. 두 가지는 각각 얼마인가?

今有錢三百四十五文 共買檀乳香一百四十兩 只云乳香兩價貴如檀香兩價一文 問二色各幾何

답 단향 75냥, 한 냥 값 2문

유향 65냥, 한 냥 값 3문

答曰 檀香 七十五兩 兩價 二文

乳香 六十五兩 兩價 三文

해법 돈의 총 액수를 놓고 실로 하고 144냥을 법으로 하여 나누면 2 문을 얻는다. 이것이 단향의 한 냥 값이고, 1문을 더한 3문이 바로 유향의 한 냥 값이다. 남은 실(餘實) 65가 유향의 수량이다. 아래 법에서 65냥을 뺀 나머지 75냥이 단향의 수량이다. 문제에 맞는다. 「살펴보면 이 기율이란 것은 돈을 실로 하고 물건을 법으로 하며, 실을 법으로 나누어 얻는 몫을 천한[싼] 물건의 값으로 한다. 1문을 더하면 곧 귀한[비싼] 물건의 값이다. 남은 실이 곧 귀한[비싼] 물건의 수량이다. 반대로 아래 법에서 뺀 남은 법이 천한[싼] 물건의 수량이다. 그 곱이 수(銖)인 것은 마땅히 섬·균·근·칭·냥수법으로 묶는다. 그 반율이라는 것은 물건을 실로 하고 돈을 법으로 하며, 실을 법으로 나누어 얻는 몫을 귀한[비싼] 물건의 수량으로 하고 1을 더하면 곧 천한[싼] 물건의 수량이다. 법에 차지 않는 것은 남은 실인데 곧 돈으로 바꾸면 천한[싼] 물건의 값이다. 그것을 아래 법에서 뺀 남은 법은 귀한[비싼] 물건의 값이 되고 남은 실과 남은 법을 서로 합하면 총 액수를 얻는다.」

術曰 列錢數 爲實 以一百四十兩爲法 實如法而一 得二文 乃檀香兩價 加一文 卽乳香兩價 餘實六十五爲乳香數也 反減下法 餘七

十五 卽檀香數也 合問 「按此其率者 以錢爲實 物爲法 實如法而一 所
得爲賤率價 加一文 卽貴率價 餘實則貴物數 反減下法 餘法爲賤物數也 其
積銖 當以碩鈞秤斤兩銖法約之 其反率者 以物爲實錢爲法 實如法而一 所
得爲貴物 加一卽賤物 不滿法者餘實 則化爲錢乃賤價也 反減下法餘法爲貴
價 餘實餘法相倂得共錢也」

귀천반율

위 해법에 있는 저자의 주석에서 앞쪽 부분이 '기율술'에 해당한다.
이는 두 가지 물건을 살 때 귀한[비싼] 것과 천한[싼] 것 한 개 값의 차이
가 1문인 상황을 가정하고 있다. 따라서 총 가격을 총 물건 수로 나눌 때
몫은 천한 물건 한 개의 값이 된다. 그리고 나머지는 귀한 물건 때문에
야기되는 것이므로 곧 귀한 물건의 개수가 된다.

이 해법의 성당성을 두 가지 물건 A와 B를 이용해서 예시해 보자. 전
체의 돈[총 가격] q 문으로 싼 물건 A와 비싼 물건 B를 합쳐서 [총 물건
수] p 개 사는데, $p < q$ 이고 A는 x 개 산다고 하자. 싼 물건 A 한 개의 값
을 a 문이라고 하면, 비싼 물건 B 한 개의 값은 $(a+1)$문이다. 그러면 다음
이 성립한다.

$$q = ax+(a+1)(p-x)$$
$$= ap+(p-x)$$

여기서 $0 < p-x < p$ 이므로, q 를 p 로 나누었을 때의 몫은 싼 물건 한
개의 값 a 문이고 나머지 $p-x$ 는 물론 물건 B의 개수이다.

한편, 위의 주석에서 뒤쪽 부분이 '반(기)율술'에 해당한다. 총 가격보다 물건의 총 개수가 큰 경우에, 1문으로 살 수 있는 수량이 한 개(또는 적절한 한 단위)인 상황을 가정하고 있다. 이때, 물건의 총 개수를 총 가격으로 나누면 그 몫은 1문으로 살 수 있는 귀한[비싼] 물건의 개수이고 천한[싼] 물건은 이보다 1개 더 많다. 이때의 나머지는 천한 물건 때문에 기인한 것이므로 천한 물건 1문 당 개수를 곱하여 천한 물건의 개수를 얻는다. 그리고 총 가격에서 이를 빼어 1문 당 귀한 물건의 개수를 곱하면 귀한 물건의 개수를 얻는다.

이의 정당성을 두 가지 물건 A와 B를 이용해서 예시해 보자. 전체의 돈[총 가격] q 문으로 싼 물건 A와 비싼 물건 B를 합쳐서 [총 물건 수] p 개 사는데, $q < p$ 이고 A를 사는 데 m 문을 쓴다고 하자. 1문에 싼 물건 A를 n 개 살 수 있다고 하면, 비싼 물건 B는 $(n-1)$개 살 수 있다. 그러면 다음이 성립한다.

$$p = mn + (n-1)(q-m) = (n-1)q + m$$

여기서 $0 < m < q$ 이므로, p 를 q 로 나누었을 때의 몫은 1문으로 살 수 있는 비싼 물건 B의 개수 $(n-1)$이고 나머지 m 은 물론 싼 물건 A를 사는 데 쓴 돈이다. 반기율술은 문제 ≪중-7-2≫와 ≪중-7-8≫에서만 이용된다.

🌼 • 역자 주해 2 •

위의 해법에서는 앞에서 설명한 기율술에 따라 문제를 풀고 있다. 전체의 돈 345문으로 싼 물건 단향과 비싼 물건 유향을 합쳐서 모두 140냥 사는데(140 < 345), 단향을 x 냥 산다고 하자. 단향 한 냥의 값을 a 문이라고 하면, 유향 한 냥의 값은 $(a+1)$문이다. 그러면 다음이 성립한다.

$$345 = ax+(a+1)(140-x) = 140a+(140-x)$$

여기서 $0 < 140-x < 140$이므로, 345를 140로 나누었을 때의 몫은 단향한 냥의 값 a 문이고 나머지 $143-x$ 는 물론 유향의 냥수이다. 실제로 다음을 얻는다.

$$345 = 140a+(140-x) = 140 \times 2+65$$

그러므로 단향 한 냥의 값은 2문이고, 유향은 65냥 산다. 따라서 유향한 냥의 값은 3문이고, 단향은 75냥(= 140냥-65냥) 산다.

❀ • **역자 주해 3** •
─────────────────────────────────────

연립 방정식을 이용해서 위의 문제를 풀 수 있다. 단향을 x 냥, 유향을 y 냥 산다고 하자. 단향 한 냥의 값을 a 문이라고 하면, 유향 한 냥의 값은 $(a+1)$문이므로, 다음이 성립한다.

$$x+y = 140 \cdots\cdots ①$$
$$ax+(a+1)y = 345 \cdots\cdots ②$$

식 ②를 a 에 대하여 풀고 식 ①을 대입하면 다음과 같다.

② →　:　　$a(x+y)+y = 345,$

$$a = \frac{345}{x+y} - \frac{y}{x+y} \cdots\cdots ③$$

$$①→③: \qquad a = \frac{345}{140} - \frac{y}{140} = \frac{2 \times 140}{140} + \frac{65-y}{140} = 2 + \frac{65-y}{140}$$

여기서 a 의 값은 자연수이고 $0 < y < 140$ 이므로, $a = 2$ 이고 $y = 65$ 다.
따라서 $a+1 = 3$ 이고, $x = 140-60 = 75$ 다.

중-7-2. 지금 돈 840문 가지고 핵도[1] 7290개를 산다. 그것을 귀천율
에 따르고자 한다. 각각 얼마인가?

今有錢八百四十文 買核桃七千二百九十枚 欲其貴賤率之 問各幾何

답 2160개는 8개에 1문
5130개는 9개에 1문

答曰 其二千一百六十枚 八枚直錢一文
其五千一百三十枚 九枚直錢一文

해법 핵도를 놓고 실로 하고 돈 840문을 법으로 하여 실을 법으로 나
누면 8개를 얻고 돈으로 치면 1문이다. 바로 1개를 더하면 9개이
고 돈으로 치면 1문이 된다. 남은 실 570을 반대로 아래 법에서
빼면 270이고 여기에 8을 곱하면 비싼 물건의 개수다. 그 (나누어)
떨어지지 않은 570에 9를 곱하면 싼 물건의 개수를 얻는다. 문제
에 맞는다.

術曰 列核桃 爲實 以錢八百四十爲法 實如法而一 得八枚直錢一文
就加一枚 乃九枚直錢一文 餘實五百七十 反減下法 餘二百七

---

1) 지금 말하는 호도, 즉 산추자.

十 八之 得貴物數 其不盡五百七十九之 得賤物數 合問

총 가격 840문에서 840이 총 물건 수 7290보다 작다. 이에 따라 위의 해법은 앞에서 소개한 반기율술에 따라 문제를 풀고 있다. 싼 핵도를 사는 데 m문을 쓴다고 하자. 1문에 싼 핵도를 n개 살 수 있다고 하면, 비싼 핵도는 $(n-1)$개 살 수 있다. 그러면 다음이 성립한다.

$$7290 = mn + (n-1)(840-m) = (n-1) \times 840 + m$$

여기서 $0 < m < 840$이므로, 7290을 840으로 나누었을 때의 몫은 $(n-1)$이고 나머지는 m이다. 실제로 다음을 얻는다.

$$7290 = (n-1) \times 840 + m = 8 \times 840 + 570$$

따라서 1문으로 살 수 있는 비싼 핵도는 8개이고, 싼 핵도를 사는 데 570문을 사용한다. 이에 따라 1문으로 살 수 있는 싼 핵도는 9개이며, 싼 핵도를 모두 $9 \times 570 = 5130$(개) 산다. 그러므로 비싼 핵도는 모두 $7290 - 5130 = 2160$(개) 산다.

위의 문제를 연립 방정식을 이용해서 풀 수 있다. 싼 핵도의 구매에 x문, 비싼 핵도의 구매에 y문 들고, 1문에 비싼 핵도를 z개, 싼 핵도를

$z+1$개 구매한다고 하면, 다음이 성립한다.

$$x+y = 840 \cdots\cdots ①$$
$$x(z+1)+yz = 7290 \cdots\cdots ②$$

식 ②를 z에 대하여 풀고 식 ①을 대입하면 다음과 같다.

$② \to :$ $\qquad z(x+y)+x = 7290,$

$$z = \frac{7290}{x+y} - \frac{x}{x+y} \cdots\cdots ③$$

$① \to ③:$ $\qquad z = \frac{7290}{840} - \frac{x}{840}$

$$= \frac{8 \times 840}{840} + \frac{570-x}{840} = 8 + \frac{570-x}{840}$$

여기서 z는 자연수이고 $0 < x < 840$이므로, $x = 570$이어야 한다. 이때, $y = 270$이다. 그러므로 구매한 싼 핵도의 개수는 $570 \times 9 = 5130$이고 비싼 핵도의 개수는 $270 \times 8 = 2160$이다.

중-7-3. 지금 돈 16관 500문을 가지고 옻을 1석 3균 1칭 4근 5냥 6수 산다. 그것을 귀천석률에 따르고자 한다. 각각 얼마인가?

今有錢一十六貫五百文 買漆一石三鈞一秤四斤五兩六銖 欲其貴賤
石率之 問各幾何

답 1석 3균 4냥 18수, 한 석 값은 8634문

1칭 4근 12수, 한 석 값은 8633문

答曰 其一石三鈞四兩一十八銖 石價 八千六百三十四文

其一秤四斤一十二銖 石價 八千六百三十三文

해법 옻을 놓고 수로 환산하여 얻은 8만 8062수를 법으로 한다. 돈을 놓고 4만 6080을 곱하면 7억 6032만을 얻고 실로 한다. 실을 법으로 나누어 얻은 8633문이 싼 것의 한 석 값이다. 1문을 더하면 곧 비싼 것의 한 석 값이다. 그 (나누어) 떨어지지 않은 8만 754를 반대로 아래 법에서 뺀 나머지는 7308이다. 칭·근수법으로 나누어 얻은 1칭 4근 12수가 싼 것의 수량이다. 그 (나누어) 떨어지지 않은 80754를 석·균·냥수법으로 나누면 비싼 것의 수량을 얻는다. 문제에 맞는다.

術曰 列漆通銖 得八萬八千六十二 爲法 列錢 以四萬六千八十乘之 得七億六千三十二萬 爲實 實如法而一 得八千六百三十三文 爲賤石價 加一文 即貴石價 不盡八萬七百五十四 反減下法 餘 七千三百八 以秤斤銖法除之 得一秤四斤一十二銖 爲賤數 其 不盡八萬七百五十四 以石鈞兩銖法除之 得貴數 合問

❀ • 역자 주해 1 •

위의 해법에서는 싸고 비싼 두 옻의 한 석 값의 차이가 1문인 경우에 앞에서 설명한 기율술에 따라 문제를 풀고 있다. 먼저 두 물건의 전체 수량을 다음과 같이 단위 석으로 나타낸다.

1석 = 46080수
1균 = 11520수
1칭 = 5760수
1근 = 384수
1냥 = 24수

$$1석 3균 1칭 4근 5냥 6수$$
$$= 46080수 \,(3 \times 11520)수 \, 5760수$$
$$(4 \times 384)수 \,(5 \times 24)수 \, 6수$$
$$= 88062수 = \frac{88062}{46080} 석$$

전체의 돈 16500문으로 싼 옻과 비싼 옻을 합쳐서 모두 $\frac{88062}{46080}$석 사는데, 싼 것을 x석 산다고 하자. 싼 것의 한 석 값을 a문이라고 하면, 비싼 것의 한 석 값은 $(a+1)$문이다. 그러면 다음이 성립한다.

$$16500 = ax + (a+1)\left(\frac{88062}{46080} - x\right) = \frac{88062}{46080}a + \left(\frac{88062}{46080} - x\right),$$
$$16500 \times 46080 = 760320000 = 88062a + (88062 - 46080x)$$

여기서 $0 < 88062 - 46080x < 88062$이므로, 760320000을 88062로 나누었을 때의 몫은 싼 것의 한 석 값 a문이고 나머지 $88062 - 46080x$는 비싼 것의 수수다. 실제로 다음을 얻는다.

$$760320000 = 88062a + (88062 - 46080x) = 88062 \times 8633 + 80754$$

그러므로 싼 옻 한 석의 값은 8633문이고, 비싼 것은 80754수 산다. 따라서 비싼 것의 한 석 값은 8634문이고, 싼 것은 들기름을 7308수(= 88062 수 − 80754수) 산다.

이제, 단위를 바꾸면 다음과 같다.

비싼 옻: 80754수 = 46080수 (3×11520)수 (4×24)수 18수 = 1석 3균 4냥 18수
싼 옻 : 7308수 = 5760수 (4 × 384)수 12수 = 1칭 4근 12수

연립 방정식을 이용해서 위의 문제를 풀 수 있다. 싼 옷을 x 석, 비싼 옷을 y 석 구매하고, 싼 것의 한 석 값을 a 문, 비싼 것의 한 석 값을 $(a+1)$문이라고 하면, 다음이 성립한다.

$$x+y = 88062\text{수} = \frac{88062}{46080}\,\text{석},$$
$$ax+(a+1)y = 16500\text{문}$$

x 석 $= 46080x$ 수 $= X$ 수, y 석 $= 46080y$ 수 $= Y$ 수라고 하면, 다음을 얻는다.

$$X+Y = 88062 \cdots\cdots ①$$
$$aX+(a+1)Y = 46080 \times 16500 = 760320000 \cdots\cdots ②$$

식 ②를 a 에 대하여 풀고 식 ①을 대입하면 다음과 같다.

$$② \to : \quad a(X+Y)+Y = 760320000,$$
$$a = \frac{760320000}{X+Y} - \frac{Y}{X+Y} \cdots\cdots ③$$
$$① \to ③ : \quad a = \frac{760320000}{88062} - \frac{Y}{88062} = \frac{8633 \times 88062}{88062} + \frac{80754 - Y}{88062}$$
$$= 8633 + \frac{80754 - Y}{88062}$$

여기서 a 의 값은 자연수이고 $0 < Y < 88062$이므로, $a = 8633$이고 $Y = 80754$이다. 따라서 $a+1 = 8634$이고, $X = 88062-80754 = 7308$이다. 이제, 단위를 바꾸면 원하는 답을 얻는다.

중-7-4. 지금 돈 25관 300문을 가지고 실을 2석 2균 1칭 3근 4냥 8수 산다. 그것을 귀천균율에 따르고자 한다. 각각 얼마인가?

今有錢二十五貫三百文 買絲二石二鈞一秤三斤四兩八銖 欲其貴賤 鈞率之 問各幾何

답 2석 2근 5냥 8수, 한 균 값은 2관 385문
2균 1칭 15냥, 한 균 값은 2관 384문

答曰 其 二石二斤五兩八銖 鈞價 二貫三百八十五文
其 二鈞一秤一十五兩 鈞價 二貫三百八十四文

해법 돈을 놓고 1만 1520을 곱하여 얻은 2억 9145만 6000을 얻고 실로 한다. 실(絲)을 놓고 수로 환산하여 얻은 12만 2216수를 법으로 하자. 실을 법으로 나누면 2384를 얻는데, 싼 실의 한 균 값이다. 1문을 더하면 곧 비싼 실의 한 균 값이다. 그 (나누어) 떨어지지 않은 9만 3056을 반대로 아래 법에서 뺀 나머지는 2만 9160이다. 균·칭수법으로 나누어 얻은 2균 1칭 15냥이 싼 것의 수량이다. 그 (나누어) 떨어지지 않은 9만 3056을 석·균·칭수법으로 나누어 얻은 2석 2근 3냥 8수가 곧 비싼 것의 수량이다. 문제에 맞는다.

術曰 列錢 以一萬一千五百二十乘之 得二億九千一百四十五萬六千 爲實 列絲 通銖 得一十二萬二千二百一十六 爲法 實如法而一 得二千三百八十四 爲賤鈞價 內加一文 卽貴鈞價 不盡九萬三千五十六 反減下法 餘二萬九千一百六十 以鈞秤銖法除之 得 二鈞一秤一十五兩 爲賤數 其不盡九萬三千五十六 以石斤兩銖 法除之 得二石二斤五兩八銖 卽貴數 合問

위의 해법에서는 싸고 비싼 실의 한 균 값의 차가 1문인 경우에 앞에서 설명한 기율술에 따라 문제를 풀고 있다. 먼저 두 실의 전체 수량을 다음과 같이 단위 균으로 나타낸다.

1석 = 46080수
1균 = 11520수
1칭 = 5760수
1근 = 384수
1냥 = 24수

2석 2균 1칭 3근 4냥 8수
$= (2 \times 46080)$수 (2×11520)수 5760수
$\quad\quad (3 \times 384)$수 (4×24)수 8수
$= 122216$수 $= \dfrac{122216}{11520}$ 균

전체의 돈 25300문으로 싼 실과 비싼 실을 합쳐서 모두 $\dfrac{122216}{11520}$ 균 사는데, 싼 실을 x 균 산다고 하자. 싼 실의 한 균 값을 a 문이라고 하면, 비싼 실의 한 균 값은 $(a+1)$문이다. 그러면 다음이 성립한다.

$$25300 = ax + (a+1)(\frac{122216}{11520} - x) = \frac{122216}{11520}a + (\frac{122216}{11520} - x),$$
$$25300 \times 11520 = 291456000 = 122216a + (122216 - 11520x)$$

여기서 $0 < 122216 - 11520x < 122216$이므로, 291456000을 122216으로 나누었을 때의 몫은 싼 실이 한 균 값 a 문이고 나머지 $122216 - 11520x$는 비싼 실의 수수다. 실제로 다음을 얻는다.

$$291456000 = 122216a + (122216 - 11520x) = 122216 \times 2384 + 93056$$

그러므로 싼 실의 한 균 값은 2384문이고, 비싼 실은 93056수 산다. 따

라서 비싼 실의 한 균 값은 2385문이고, 싼 실은 29160수(= 122216수−93056수) 산다.

이제, 단위를 바꾸면 다음과 같다.

비싼 실: 93056수 = (2 × 46080)수 (2 × 384)수 (5 × 24)수 8수 = 2석 2근 5냥 8수
싼 실 : 29160수 = (2 × 11520)수 5760수 (15 × 24)수 = 2균 1칭 15냥

❀ • 역자 주해 2 •

연립 방정식을 이용해서 위의 문제를 풀 수 있다. 싼 실은 x 균, 비싼 실은 y 균 사고, 싼 실의 한 균 값을 a 문, 비싼 실의 한 균 값을 $(a+1)$문이라 하면, 다음이 성립한다.

$$x+y = 122216수 = \frac{122216}{11520} 균,$$
$$ax+(a+1)y = 25300문$$

x 균 = 11520x 수 = X 수, y 균 = 11520Y 수 = Y 수라고 하면, 다음을 얻는다.

$$X+Y = 122216 \cdots\cdots ①$$
$$aX+(a+1)Y = 11520 × 25300 = 291456000 \cdots\cdots ②$$

식 ②를 a 에 대하여 풀고 식 ①을 대입하면 다음과 같다.

$$② → : \qquad a(X+Y)+Y = 291456000,$$

$$a = \frac{291456000}{X+Y} - \frac{Y}{X+Y} \quad \cdots\cdots ③$$

$$①→③: \quad a = \frac{291456000}{122216} - \frac{Y}{122216} = \frac{2384 \times 122216}{122216} + \frac{93056 - Y}{122216}$$

$$= 2384 + \frac{93056 - Y}{122216}$$

여기서 a 의 값은 자연수이고 $0 < Y < 122216$이므로, $a = 2384$이고 $Y = 93056$이다. 따라서 $a+1 = 2385$이고, $X = 122216\text{-}93056 = 29160$이다. 이제, 단위를 바꾸면 원하는 답을 얻는다.

중-7-5. 지금 돈 100관을 가지고 후추를 27석 1균 1칭 3근 12냥 18수 산다. 그것을 귀천칭률에 따르고자 한다. 얻은 것은 얼마인가?

今有錢一百貫　買胡椒二十七石一鈞一秤三斤一十二兩一十八銖　欲其貴賤秤率之　問得幾何

답　그 2석 2균 8근 10냥, 한 칭 값은 457문

　　그 24석 3균 10근 2냥 18수, 한 칭 값은 456문

答曰　其 二石八斤一十兩 秤價 四百五十七文

　　其 二十四石三鈞一十斤二兩一十八銖 秤價 四百五十六文

해법　후추를 놓고 수로 환산하여 얻은 126만 2898을 법으로 한다. 돈을 놓고 5760을 곱하여 얻은 5억 7600만을 실로 한다. 실을 법으로 나누어 얻은 456문이 싼 후추의 한 칭 값이다. 1문을 더하면 곧 비싼 후추의 한 칭 값이다. 그 (나누어) 떨어지지 않은 11만

8512를 반대로 아래 법에서 뺀 나머지는 114만 4386이고, 석·
균·근·냥수법으로 나누어 얻은 24석 3균 10근 2냥 18수가 싼
후추의 수량이다. 그 (나누어) 떨어지지 않은 11만 8512를 석·
균·근·냥수법으로 나누어 얻은 2석 2균 8근 10냥이 곧 비싼
후추의 수량이다. 문제에 맞는다.

術曰 列椒 通銖 得一百二十六萬二千八百九十八 爲法 列錢 以五千
七百六十乘之 得五億七千六百 爲實 實如法而一 得四百五十
六文 爲賤秤價 內加一文 卽貴秤價 不盡一十一萬八千五百一
十二 反減下法 餘一百一十四萬四千三百八十六 以石鈞斤兩法
除之 得二十四石三鈞一十斤二兩一十八銖 爲賤數 其不盡一十
一萬八千五百一十二 以石鈞斤兩銖法除之 得二石二鈞八斤一
十兩 卽貴數 合問

❀ ● 역자 주해 1 ●

위의 해법에서는 싸고 비싼 후추의 한 칭 값의
차가 1문인 경웅 앞에서 설명한 기율술에 따라 문
제를 풀고 있다. 먼저 두 후추의 전체 수량을 다음
과 같이 단위를 칭으로 나타낸다.

1석 = 46080수
1균 = 11520수
1칭 = 5760수
1근 = 384수
1냥 = 24수

27석 1균 1칭 3근 12냥 18수

$= (27 \times 46080)$수 11520수 5760수

(3×384)수 (12×24)수 18수

$= 1262898$수 $= \dfrac{1262898}{5760}$ 칭

전체의 돈 100000문으로 싼 후추와 비싼 후추를 합쳐서 모두 $\frac{1262898}{5760}$ 칭 사는데, 싼 후추를 x 칭 산다고 하자. 싼 후추의 한 칭 값을 a 문이라고 하면, 비싼 후추의 한 칭 값은 $(a+1)$문이다. 그러면 다음이 성립한다.

$$100000 = ax+(a+1)(\frac{1262898}{5760}-x) = \frac{1262898}{5760}a+(\frac{1262898}{5760}-x),$$

$$100000 \times 5760 = 576000000 = 1262898a+(1262898-5760x)$$

여기서 $0 < 1262898-5760x < 1262898$이므로, 576000000을 1262898로 나누었을 때의 몫은 싼 후추의 한 칭 값 a 문이고 나머지 $1262898-5760x$ 는 비싼 후추의 수수이다. 실제로 다음을 얻는다.

$$576000000 = 1262898a+(1262898-5760x) = 1262898 \times 456+118512$$

그러므로 천초 한 칭의 값은 456문이고, 호초는 118512수 산다. 따라서 호초 한 칭의 값은 457문이고, 천초는 1144386수(= 1262898수−118512수) 산다. 이제, 단위를 바꾸면 다음과 같다.

비싼 후추: 118512수 = (2 × 46080)수 (2 × 11520)수 (8 × 384)수 (10 × 24)수
= 2석 2균 8근 10냥
싼 후추: 1144386수 = (24 × 46080)수 (3 × 11520)수 (10 × 384)수 (2 × 24)수 18수
= 24석 3균 10근 2냥 18수

❀ • 역자 주해 2 •

연립 방정식을 이용해서 위의 문제를 풀 수 있다. 싼 후추를 x 칭, 비싼 후추를 y 칭 구매하고, 싼 후추의 한 칭 값을 a 문, 비산 후추의 한 칭

값을 $(a+1)$문이라 하면, 다음이 성립한다.

$$x+y = 1262898 \text{수} = \frac{1262898}{5760} \text{칭},$$

$$ax+(a+1)y = 100000 \text{문}$$

x 칭 $= 5760x$ 수 $= X$ 수, y 칭 $= 5760y$ 수 $= Y$ 수라고 하면, 다음을 얻는다.

$$X+Y = 1262898 \cdots\cdots ①$$

$$aX+(a+1)Y = 5760 \times 100000 = 576000000 \cdots\cdots ②$$

식 ②를 a에 대하여 풀고 식 ①을 대입하면 다음과 같다.

$② \to \ :\ \ a(X+Y)+Y = 576000000,$

$$a = \frac{576000000}{X+Y} - \frac{Y}{X+Y} \cdots\cdots ③$$

$① \to ③ : a = \dfrac{576000000}{1262898} - \dfrac{Y}{1262898} = \dfrac{456 \times 1262898}{1262898} + \dfrac{118512 - Y}{1262898}$

$$= 456 + \frac{118512 - Y}{1262898}$$

여기서 a의 값은 자연수이고 $0 < Y < 1262898$이므로, $a = 456$이고 $Y = 118512$이다. 따라서 $a+1 = 457$이고, $X = 1262898\text{-}118512 = 1144386$이다. 이제, 단위를 바꾸면 원하는 답을 얻는다.

중-7-6. 지금 돈 250관을 가지고 계화 12석 3균 1칭 13근 9냥 4수를
산다. 그것을 귀천근율에 따르고자 한다. 각각 얼마인가?

今有錢二百五十貫 買桂花一十二石三鈞一秤一十三斤九兩四銖 欲
其貴賤斤率之 問各幾何

답 그 5석 1칭 13근 5냥 8수, 한 근 값은 161문
　　그 7석 3균 3냥 20수,　한 근 값은 160문

答曰 其 五石一秤一十三斤五兩八銖 斤價 一百六十一文
　　其 七石三鈞三兩二十銖 斤價 一百六十文

해법 돈을 놓고 384를 곱하여 얻은 9600만을 실로 한다. 계화를 놓고
수로 환산하여 얻은 59만 8492를 법으로 하자. 실을 법으로 나
누어 얻은 160문이 싼 계화의 한 근 값이다. 1문을 더하면 곧 비
싼 계화의 한 근 값이다. 그 (나누어) 떨어지지 않은 24만 1280을
반대로 아래 법에서 뺀 나머지는 35만 7212다. 석·균·냥수법
으로 나누어 얻은 7석 3균 3냥 20수가 싼 계화의 수량이다. 그
(나누어) 떨어지지 않은 24만 1280을 석·칭·근·냥수법으로 나
누어 얻은 5석 1섬 13근 5냥 8수가 곧 비싼 계화의 수량이다. 문
제에 맞는다.

術曰 列錢 以三百八十四乘之 得九千六百萬 爲實 列桂花通銖 得五
十九萬八千四百九十二 爲法 實如法而一 得一百六十文 爲賤
斤價 內加一文 卽貴斤價 不盡二十四萬一千二百八十 反減下
法 餘三十五萬七千二百一十二 以石鈞兩銖法除之 得七石三鈞
三兩二十銖 爲賤數 其不盡二十四萬一千二百八十 以石秤斤兩
銖法除之 得五石一秤一十三斤五兩八銖 卽貴數 合問

위의 해법에서는 싸고 비싼 계화의 한 근 값의 차가 1문인 경우에 앞에서 설명한 기율술에 따라 문제를 풀고 있다. 먼저 두 물건의 전체 수량을 다음과 같이 단위 근으로 나타낸다.

1석 = 46080수	
1균 = 11520수	
1칭 = 5760수	
1근 = 384수	
1냥 = 24수	

12석 3균 1칭 13근 9냥 4수

$= (12 \times 46080)$수 (3×11520)수 5760수

$\qquad (13 \times 384)$수 (9×24)수 4수

$= 598492$수 $= \dfrac{598492}{384}$ 근

전체의 돈 250000문으로 싼 계화와 비싼 계화를 합쳐서 모두 $\dfrac{598492}{384}$ 근 사는데, 싼 계화를 x 근 산다고 하자. 싼 계화의 한 근 값을 a 문이라고 하면, 비싼 계화의 한 근 값은 $(a+1)$문이다. 그러면 다음이 성립한다.

$$250000 = ax + (a+1)(\frac{598492}{384} - x) = \frac{598492}{384}a + (\frac{598492}{384} - x),$$

$$250000 \times 384 = 9600000 = 598492a + (598492 - 384x)$$

여기서 $0 < 598492 - 384x < 598492$이므로, 9600000을 598492로 나누었을 때의 몫은 싼 계화의 한 근 값 a 문이고 나머지 $598492 - 384x$는 비싼 계화의 수수다. 실제로 다음을 얻는다.

$$9600000 = 598492a + (598492 - 384x) = 598492 \times 160 + 241280$$

그러므로 싼 계화의 한 근 값은 160문이고, 비싼 계화는 241280수 산

다. 따라서 비싼 계화의 한 근 값은 161문이고, 싼 계화는 357212수(= 598492수−241280수) 산다.

이제, 단위를 바꾸면 다음과 같다.

비싼 계환: 241280수 = (5 × 46080)수 5760수 (13 × 384)수 (5 × 24)수 8수

　　　　　 = 5석 1칭 13근 5냥 8수

싼 계화 : 357212수 = (7 × 46080)수 (3 × 11520)수 (3 × 24)수 20수

　　　　　 = 7석 3균 3냥 20수

※ **• 역자 주해 2 •**
_____

연립 방정식을 이용해서 위의 문제를 풀 수 있다. 싼 계화를 x근, 비싼 계화를 y근 사고, 싼 계화의 한 근 값을 a문, 비싼 계화의 한 근 값을 $(a+1)$문이라 하면, 다음이 성립한다.

$$x+y = 598492수 = \frac{598492}{384}근,$$

$$ax+(a+1)y = 250000문$$

x근 $= 384x$수 $= X$수, y근 $= 384y$수 $= X$수라고 하면, 다음을 얻는다.

$$X+Y = 598492 \cdots\cdots ①$$

$$aX+(a+1)Y = 384 × 250000 = 9600000 \cdots\cdots ②$$

식 ②를 a에 대하여 풀고 식 ①을 대입하면 다음과 같다.

$$②→: \quad a(X+Y)+Y = 9600000,$$

$$a = \frac{9600000}{X+Y} - \frac{Y}{X+Y} \quad \cdots\cdots ③$$

$$①→③: \quad a = \frac{9600000}{598492} - \frac{Y}{598492} = \frac{160 \times 598492}{598492} + \frac{241280 - Y}{598492}$$

$$= 160 + \frac{241280 - Y}{598492}$$

여기서 a의 값은 자연수이고 $0 < Y < 598492$이므로, $a = 160$이고 $Y = 241280$이다. 따라서 $a+1 = 161$이고, $X = 598492-241280 = 357212$이다. 이제, 단위를 바꾸면 원하는 답을 얻는다.

중-7-7. 지금 돈 38관 400문을 가지고 목향을 1석 2균 14근 14냥 8수 산다. 그것을 귀천냥율에 따르고자 한다. 각각 얼마인가?

今有錢三十八貫四百文 買木香一石二鈞一十四斤一十四兩八銖 欲 其貴賤兩率之 問各幾何

답 그 2균 1근 4냥, 한 냥 값은 13문
　　　그 1석 13근 10냥 8수, 한 냥 값은 12문

答曰 其 二鈞一斤四兩 兩價 一十三文
　　　其 一石一十三斤一十兩八銖 兩價 一十二文

해법 목향을 놓고 수로 환산하여 얻은 7만 4840을 법으로 한다. 돈을 놓고 24를 곱하여 얻은 92만 1600을 실로 한다. 실을 법으로 나누어 얻은 12문이 싼 목향의 한 냥 값이다. 1문을 더하면 곧 비

싼 목향의 한 냥 값이다. 그 (나누어) 떨어지지 않은 2만 3520을
반대로 아래 법에서 뺀 나머지는 5만 1320이다. 석·근·냥수법
으로 나누어 얻은 1석 13근 10냥 8수가 싼 목향의 수량이다. 그
(나누어) 떨어지지 않은 2만 3520을 균·근·냥수법으로 나누어
얻은 2균 1근 4냥이 곧 비싼 목향의 수량이다. 문제에 맞는다.

術曰 列木香通銖 得七萬四千八百四十 爲法 列錢 以二十四乘之 得
九十二萬一千六百 爲實 實如法而一 得一十二文 爲賤兩價 內
加一文 卽貴兩價 不盡二萬三千五百二十 反減下法 餘五萬一
千三百二十 以石斤兩銖法除之 得一石一十三斤一十兩八銖 爲
賤數 其不盡二萬三千五百二十 以鈞斤兩銖法除之 得二鈞一斤
四兩 卽貴數 合問

· 역자 주해 1 ·

위의 해법에서는 싸고 비싼 목향의 한 냥 값의
차이가 1문인 경우에 앞에서 설명한 기율술에 따라
문제를 풀고 있다. 먼저 두 물건의 전체 수량을 다
음과 같이 단위 냥으로 나타낸다.

1석 = 46080수
1균 = 11520수
1칭 = 5760수
1근 = 384수
1냥 = 24수

1석 2균 14근 14냥 8수

$= 46080$수 (2×11520)수 (14×384)수 (14×24)수 8수

$= 74840$수 $= \dfrac{74840}{24}$ 냥

전체의 돈 38400문으로 싼 목향과 비싼 목향을 합쳐서 모두 $\dfrac{74840}{24}$ 냥
사는데, 싼 목향을 x 냥 산다고 하자. 싼 목향 한 냥의 값을 a 문이라고 하

면, 비싼 목향 한 냥의 값은 $(a+1)$문이다. 그러면 다음이 성립한다.

$$38400 = ax+(a+1)(\frac{74840}{24}-x) = \frac{74840}{24}a+(\frac{74840}{24}-x),$$
$$38400 \times 24 = 921600 = 74840a+(74840-24x)$$

여기서 $0 < 74840-24x < 74840$이므로, 921600을 74840으로 나누었을 때의 몫은 싼 목향 한 냥의 값 a문이고 나머지 $74840-24x$는 비싼 목향의 수수다. 실제로 다음을 얻는다.

$$921600 = 74840a+(74840-24x) = 74840 \times 12+23520$$

그러므로 싼 목향 한 냥의 값은 12문이고, 비싼 목향은 23520수 산다. 따라서 비싼 목향 한 냥의 값은 13문이고, 싼 목향은 51320수(= 74840수-23520수) 산다.

이제, 단위를 바꾸면 다음과 같다.

비싼 목향 : 23520수 = (2 × 11520)수 384수 (4 × 24)수 = 2균 1근 4냥
싼 목향 : 51320수 = 46080수 (13 × 384)수 (10 × 24)수 8수
　　　　　 = 1석 13근 10냥 8수

🌸 **• 역자 주해 2 •**

연립 방정식을 이용해서 위의 문제를 풀 수 있다. 싼 목향을 x 냥, 비싼 목향을 y 냥 구매하고, 싼 목향 한 냥의 값을 a 문, 비싼 목향 한 냥의 값을 $(a+1)$문이라 하면, 다음이 성립한다.

$x+y= =74840수 = \dfrac{74840}{24}$ 냥,

$ax+(a+1)y=38400$문

x 냥 $=24x$ 수 $=X$ 수, y 냥 $=24y$ 수 $=Y$ 수라고 하면, 다음을 얻는다.

$X+Y=74840$ ······ ①

$aX+(a+1)Y=24\times38400=921600$ ······ ②

식 ②를 a 에 대하여 풀고 식 ①을 대입하면 다음과 같다.

②→ :　　$a(X+Y)+Y=921600,$

$a=\dfrac{921600}{X+Y}-\dfrac{Y}{X+Y}$ ·····③

①→③ :　　$a=\dfrac{921600}{74840}-\dfrac{Y}{74840}=\dfrac{12\times74840}{74840}+\dfrac{23520-Y}{74840}$

$=12+\dfrac{23520-Y}{74840}$

여기서 a 의 값은 자연수이고 $0<Y<74840$이므로, $a=12$이고 $Y=$ 23520이다. 따라서 $a+1=13$이고, $X=74840\text{-}23520=51320$이다. 이제, 단위를 바꾸면 원하는 답을 얻는다.

중-7-8. 지금 돈 28관 680문을 가지고 황랍 2석 3균 1칭 3근 6냥 8수 산다. 그것을 귀천수율에 따르고자 한다. 각각 얼마인가?

今有錢二十八貫六百八十文　買黃蠟二石三鈞一秤三斤六兩八銖　欲
其貴賤銖率之　問各幾何

답 그 3균 10근 2냥 16수, 4수의 값이 1문

그 2석 8근 3냥 16수, 5수의 값이 1문

答曰 其 三鈞一十斤二兩一十六銖 四銖 直錢 一文

其 二石八斤三兩一十六銖 五銖 直錢 一文

해법 황랍을 놓고 수로 환산하여 얻은 133784를 실로 한다. 돈을 법으로 해서 실을 법으로 나누면 4수를 얻는데, 돈으로 치면 1문이고 곧 비싼 물건이 된다. 1수를 더하면 곧 싼 물건이다. 그 (나누어) 떨어지지 않은 1만 9064는 곧 싼 물건의 값이다. 반대로 아래 법에서 뺀 나머지는 9616인데, 곧 비싼 물건의 값이다. 4를 곱하면 3만 8464를 얻고 균·근·냥수법으로 나누면 3균 10근 2냥 16수를 얻는다. 그 (나누어) 떨어지지 않은 1만 9064에 5를 곱하면 95320을 얻고, 석·근·냥수법으로 나누면 2석 8근 3냥 16수를 얻는다. 문제에 맞는다.

術曰 列蠟 通銖 得一十三萬三千七百八十四 爲實 以錢爲法 實如法而一 得四銖 直錢一文 乃貴物也 內加一銖 卽賤物也 不盡一萬九千六十四 乃賤價也 反減下法 餘九千六百一十六 卽貴價四之 得三萬八千四百六十四 以鈞斤兩銖法約之 得三鈞一十斤二兩一十六銖 其不盡一萬九千六十四 五之 得九萬五千三百二十 以石斤兩銖法除之 得二石八斤三兩一十六銖 合問

🏵 **· 역자 주해 1 ·**

황랍 전체의 값은 28관680문 = 28680문이고 황랍 전체의 단위를 수로 나타내면 다음과 같다.

2석 3균 1칭 3근 6냥 8수

= (2 × 46080)수 (3 × 11520)수 5760수 (3 × 384)수

    (6 × 24)수 8수

= 133784수

1석 = 46080수
1균 = 11520수
1칭 = 5760수
1근 = 384수
1냥 = 24수

돈의 28680이 무게의 133784보다 작으므로 위의 해법은 앞에서 소개한 반기율술에 따라 문제를 풀고 있다. 싼 황랍을 사는 데 m 문을 쓴다고 하자. 1문에 싼 황랍을 n 개 살 수 있다고 하면, 비싼 황랍은 $(n-1)$개 살 수 있다. 그러면 다음이 성립한다.

$$133784 = mn + (n-1)(28680 - m) = (n-1) \times 28680 + m$$

여기서 $0 < m < 28680$이므로, 133784를 28680으로 나누었을 때의 몫은 $(n-1)$이고 나머지는 m 이다. 실제로 다음을 얻는다.

$$133784 = (n-1) \times 28680 + m = 4 \times 28680 + 19064$$

따라서 1문으로 살 수 있는 비싼 황랍은 4개이고, 싼 황랍을 사는 데 19064문을 사용한다. 이에 따라 1문으로 살 수 있는 싼 황랍은 5이며, 그 총 수량은 5 × 19064 = 95320(수)이다. 그러므로 비싼 황랍을 살 수 있는 총 수량은 133784-95320 = 38464(수)이다. 단위를 바꾸면 다음과 같다.

비싼 황랍: 38464수 = (3 × 11520)수 (10 × 384)수 (2 × 24)수 16수

                = 3균 10근 2냥 16수

싼 황랍: 95320수 = (2 × 46080)수 (8 × 384)수 (3 × 24)수 16수

                = 2석 8근 3냥 16수

위의 문제를 연립 방정식을 이용해서 풀 수 있다. 싼 황랍 구매에 x 문, 비싼 황랍 구매에 y 문 들고, 1문에 비싼 황랍을 z 수, 싼 황랍을 $z+1$ 수 구매한다고 하면, 다음이 성립한다.

$$x+y = 28680 \ \cdots\cdots \ ①$$
$$x(z+1)+yz = 133784 \ \cdots\cdots \ ②$$

식 ②를 z에 대하여 풀고 식 ①을 대입하면 다음과 같다.

$$②→ : \qquad z(x+y)+x = 133784,$$
$$z = \frac{133784}{x+y} - \frac{x}{x+y} \ \cdots\cdots ③$$
$$①→③: \qquad z = \frac{133784}{28680} - \frac{x}{28680}$$
$$= \frac{4 \times 28680}{28680} + \frac{19064-x}{28680} = 8 + \frac{19064-x}{28680}$$

여기서 z는 자연수이고 $0 < x < 28680$이므로, $x = 19064$이어야 한다. 이때, $y = 9616$이다. 그러므로 구매한 싼 황랍의 수수는 $19064 \times 5 = 95320$이고 비싼 황랍의 수수는 $9616 \times 4 = 38464$이다.

부록

附

중간 산학계몽 머리말

重刊筭學啓蒙序

　　나는 어렸을 적부터 일찍이 산학에 마음을 두었으나 우리나라에 전해
진 것은 『상명산서(詳明筭書)』와 같이 쉽고 단순한 방법에 지나지 않았다.
『구장산술』『육고(六觚)』와 같이 미묘한 기술은 드물었다. 풀어 본 것이
있어도 질문할 수가 없었다.

　　정유(丁酉)년에 상중에 있고 병이 들어 바깥일이 없게 되었을 때 마침
지금 금강현령(金溝縣令) 정양(鄭瀁)에게서 필사본 『양휘산서(楊輝筭書)』를
얻고 또 지부[1]회사[2](地部會士) 경선징(慶善徵)에게서 우리나라에서 처음
인쇄한[3] 『산학계몽』을 얻었다.

　　그 같고 다름을 비교하고 그 원류를 연구해보니 『양휘산서』는 글자에
오기도 많고 방법 또한 쉬운 것을 버리고 어려운 것을 좇으니 처음 배우
는 사람에게 불편했다.

　　『산학계몽』은 간단하고도 내용이 갖추어져 있으니 이것은 산가(筭家)

---

1) '지부 아문(地部衙門)'의 준말. 조선시대 호조(戶曹)를 육조의 둘째라는 뜻으로, 옛 인
　습대로 부르던 말.
2) '지부 아문(地部衙門)'의 준말. 조선시대 호조(戶曹)를 육조의 둘째라는 뜻으로, 옛 인
　습대로 부르던 말.
3) 세종시대의 인쇄본으로 보인다.

의 총요(總要)이다. 다만 그 맨 끝에 종이 두 장이 젖어 헤져서 반 이상을
거의 구별할 수가 없었다.

지금 대흥현감(大興縣監) 임준(任濬)은 방법에 통달하지 않은 것이 없었
는데, 한번 보더니 풀어내어 손으로 그리고 그 빠진 것을 보충하였다.

그 후 우연히 필사본 하나를 얻었는데 대조한 결과 조금도 차이가 없
었다. 그래서 마침내 책을 만들어서 배포했다.

널리 생각하지 않고 더욱 오래되면서 그 전승이 끊어지니 다시 양휘
의 <망해도> 1장을 권말에 덧붙여 발간하여 후세의 유예군자(游藝君子)
에게 남긴다.

순치 17년(1660) 경자 7월 하완 통정대부⁴⁾ 수전남도 관찰사⁵⁾ 겸
병마수군절도사⁶⁾ 순찰사⁷⁾ 전주부윤⁸⁾ 김시진 지

余少也嘗留意筭學 而東國所傳不過詳明等書淺近之法
如九章六觚 微妙之術鮮 有解者無可質問
歲丁酉居憂抱病無外事 適得抄本楊輝筭書於今金溝縣令鄭君漢 又得
*國初印本筭學啓蒙於地部會士慶善徵
較其同異究其源流 則楊輝非但字多豕亥 術亦舍易趨難 不便初學
啓蒙簡而且備實 是筭家之摠要
第其末端二紙漫爛 過半殆不可辨
今大興縣監任君濬於術無所不通 一見而解之手圖而補其缺
其後偶得一抄本 讎之果不差毫氂 於是乎遂爲成書而布之

---

4) 조선 시대 문관의 정3품 당상관의 품계.
5) 조선 시대의 외관직 문관의 종2품 벼슬로, 각 도의 지방 장관. 지방의 경찰권·사법
   권·징세권 등 행정상 절대적인 권한을 가졌음. 감사(監司), 도백(道伯), 방백(方伯).
6) 조선 시대 각 지방에 두어 병마를 지휘하던 종2품의 무관.
7) 조선 시대에 도의 군비 태세를 살피던 벼슬. 관찰사가 겸직함.
8) 조선 시대의 종2품 문관의 외관직. 지방 관청인 부(府)의 우두머리임.

不廣慮益久而絶其傳　更以楊輝望海島一章添入卷尾　刊梓而壽之　以遺後之游藝君子云

順治十七年　庚子七月　下浣　通政大夫　守全南道　觀察使　兼　兵馬水軍節度使　巡察使　全州府尹　金始振　識

乙未校正

庚子重刊

藏于本學

　　조이(祖頤)는 『사원옥감』의 머리말에서, 주씨가 일찍이 광릉(廣陵)에 머문 적이 있는데 학자들이 구름같이 모였으며 『산학계몽』을 편집하고 조원진이 앞뒤에 발간했다고 말하고 두 책이 서로 표리가 된다고 하였다.

　　원래 옛날에 절강성(浙江省) 순무(巡撫)를 지낼 때 『사원옥감』의 오래된 필사본을 획득해서 세초를 이해하려 했으나 결실이 없었다.

　　감천(甘泉) 나군 명향(茗香)이 그 사본을 얻어 세초를 완전하게 보완해서 간행 반포했으나 『산학계몽』을 미쳐 보지 못해 유감으로 여겼다.

　　최근에 나군이 다시 도시 사람을 따라 유리창(琉璃廠)[1]에 갔다가 서점에서 조선 중간본을 얻으니 모두 3권이었다.

　　『논어 황간소』, 『7경』, 『맹자』, 『고문전』에 생각이 있어 일본으로부터 모두 수록해 들여왔다.

　　祖頤序四元玉鑑 俙朱氏嘗游廣陵 學者雲集 編輯筭學啓蒙 趙元鎭先後付梓謂二書相爲表裏

　　元昔撫浙時獲得玉鑑舊鈔本 儗演細艸未果

　　甘泉羅君茗香得其寫本 補全細艸刊布 而以未見啓蒙 爲憾

---

1) 북경의 화평문(和平門) 남쪽에 위치하며, 명(明)대 이래로 서점이 융성했던 지역.

近年羅君又從都中人干琉璃廠 書肆中得朝鮮重刊本 計三卷
因思論語皇侃疏七經孟子攷文傳自日本皆收錄入

『사고전서(四庫全書)』를 중국에서 간행한 지는 이미 오래되었고 이제
이 책을 얻으니 다시 전례에 따라 간행한다.

이 책을 살펴보면 총 20문 모두 259문제이다. 그 이름은 <술의(術義)>
이고 예가 정말 많다. 『사원옥감』과 표리가 된다.

四庫全書中國刊行已久 今得此書亦可依例刊行

案此書 總二十門 凡二百五十九問 其名術義 例洵多 與玉鑑相表裏

나군은 그것들이 서로 교정한다고 하였는데 증거가 일곱이다.

『사원옥감』은 책머리에 화(和), 교(較), 멱(冪), 적(積)과 여러 그림들을 늘
어놓고 천원(天元)에서 시작해서 4원(四元)으로 끝난다. 뜻은 주로 정밀하
고 깊으며 얻은 것은 매우 심오하다. 대덕(大德) 계묘(癸卯)를 고려해 보면
순서가 이 책보다 4년 뒤이다.

이 책은 책머리에 곱하고 나누기 위해 산대를 펼치는 여러 예들을 늘
어놓고 초경(超徑)과 등접(等接)에서 시작하여 천원(天元)술, 넓이 구하기,
제곱근 풀기로 끝난다.

쉬운 것으로부터 응용에 이르고 순서에 따라 그 이치로 나아가니 이
름을 계몽이라 한 것이 실은 『사원옥감』의 방법을 세운 근본임을 쉽게
알 수 있다. 이것이 첫 번째 증거이다.

羅君爲之互斠 其證得七

玉鑑首列和較冪積諸圖 始于天元終于四元 義主精邃 所得甚深

攷大德癸卯 莫若序計後此書四年

此書首列乘除布筭諸例 始于超徑等接之術 終于天元如積開方

由淺近以至通變 循序而進其理 易見名曰啓蒙 實則 爲玉鑑立術之根
此一證也

『사원옥감』의 원본은 10행이며 행은 19자이다. "이제(今有)" 아래 한 칸
띄고 "풀이는(術曰)"이 있고 또 아래 두 칸 띈다. 이 책과 같은 식이다. 이
것이 두 번째 증거이다.

　玉鑑原本十行 行十九字 今有氏一格術曰 又氏二格 與此書同式
　此二證也

『사원옥감』에서 두곡(斗斛)의 두(斗)는 달리 두(㪷)로 쓰는데, 이것은 가
차자(假借字)[2]이다. 본래 『한서(漢書) 평제기(平帝紀)』와 『관자(管子) 승마편
(乘馬篇)』에 이미 섞여 있으며 당(唐) 이전의 『손자산경(孫子算經)』, 『오조산
경(五曹算經)』과 여러 『장구건산경(張邱建算經)』에서 보인다.

　그 균석(鈞石)의 석(石)은 『설문해자(說文解字)』에는 본래 석(祏)으로 쓰여
있고 『사원옥감』에는 석(碩)으로 썼다. 석(碩)과 석(石)은 옛날에는 비록 서
로 통했지만 만약 석(碩)이 균석의 석(石)이라면 『모시(毛詩) 보전소인(甫田
疏引)』과 『한서(漢書) 식화지(食貨志)』에서 겨우 보이나 산서(筭書)에서는 거
의 보이지 않는다.

　또 『사원옥감』에서 원전(田完田)의 원(田完)은 비록 이적(李籍)의 『구장음
의(九章音義)』에 보이지만 『자서(字書)』에는 없는 것이고 이 책은 나란히
같다. 이것이 세 번째 증거이다.

　玉鑑斗斛之斗別用㪷 此假借字 本漢書平帝紀及管子乘馬篇尚雜
　見于唐以前之孫子五曹張邱建諸筭經

---

2) 육서(六書)의 하나로 같은 음의 글자를 빌어 딴 뜻에 쓰는 법.

其鈞石之石 說文本作祏 玉鑑作碩 碩與石古雖互通
然假碩爲鈞石之石 則厪見于毛詩甫田疏引 漢書食貨志 而筭書罕見
又若玉鑑田完田之田完 雖見于李籍九章音義 而字書所無 此書幷同
此三證也

『사원옥감』은 비록 역시 세 권이지만 문(門)은 24고 문제는 288이다. 비교해 보면 이 책보다 4문(門) 29문제가 많다. 그러나 4자로 그 체제를 분류하니 피차 차이가 없다.

또 상공수축(商功修築) 방정정부(方程正負)와 같은 종류가 또 두 책에서 서로 나타난다. 이것이 네 번째 증거이다.

玉鑑雖亦三卷 而門則爲二十四 問則爲二百八十八
較多于此書四門二十九問 然以四字分類其體裁 彼此無異
且如商功修築方程正負之屬 則又二書互見
此四證也

『사원옥감』여의혼화(如意混和)의 첫 번째 문제에서 든 수는 1칭을 15근으로 아는데 이 책의 근칭기율(斤秤起率)과 딱 맞는다. 이것이 다섯 번째 증거이다.

玉鑑 如意混和弟一問 據數知一秤爲十五斤 適合此書之斤秤起率
此五證也

『사원옥감』쇄투탄용(鎖套吞容)의 9번 문제에 나오는 방오사칠 팔각형 밭과 좌우봉원(左右逢元)의 6번, 13번, 20번 여러 문제에 소평(小平) 소장(小長)이 있어 모두 따르고 있는데, 그 풀이가 없다.

이 책 머리의 명승제단(明乘除段)에 바로 너비로 길이를 나눈 것이 소장(小長)이고 길이로 너비를 나눈 것이 소평(小平)이라는 예를 싣고 있다. 그 전무형단(田畝形段)의 15번째 문제에 다시 방오사칠 팔각형 밭 의 면적을 구하는 일반적 방법을 싣고 있다. 이것이 여섯 번째 증거이다.

玉鑑 鎖套呑容弟九問方五斜七八角田 左右逢元弟六弟十三弟二十諸問 有小平小長 皆向 無其術

此書卷首明乘除段 卽載平除長爲小長 長除平爲小平之例

其田畝形段弟十五問復載方五斜七八角田求積通術

此六證也

다른 것으로는 『사원옥감』 혹문가단(或問歌彖) 4번째 문제와 이 책 영부족술(盈不足術) 7번째 문제, 또 『사원옥감』 과타첩장(果垛疊藏)의 14번째 문제와 이 책 퇴적환원(堆積還源)의 14번째 문제, 또 『사원옥감』 방정정부(方程正負)의 4번째 문제와 이 책 방정정부의 5번째 문제는 그 문제의 대략이 서로 같다. 이것이 일곱 번째 증거이다.

他如玉鑑或問歌彖弟四問 與此書盈不足術弟七問

又玉鑑果垛疊藏弟十四問 與此書堆積還源弟十四問

又玉鑑方程正負弟四問 與此書方程正負弟五問 其問題約略相同

此七證也

이 책은 진실로 주씨가 쓴 원래의 책으로 잃어 버렸다가 다시 나타났으니 지극히 기쁠 뿐이다.

같은 군의 학자들이 일꾼을 모아서 조선에서 원래 새긴 판본을 축소해서 영간하고 더불어 그것의 마지막에 실린 양휘의 『해도산법』 하나도 덧붙이기를 청했다. 줄 사이에 어시(魚豕)[3]가 있으면 빠짐없이 옛것을 따르고 다만 각각 틀린 글자 옆에 △표를 하고 따로 권의 끝에 오자를 적어 무고하지 않았음을 보였다.

　是此書眞朱氏原書 佚而復出 可憙之至矣

　同郡中學人請鳩工 以朝鮮原刻本縮版影刊 幷其末所載楊輝海島筭法一番 亦爲坿 列閒有魚豕 悉仍其舊 但各標△于誤字旁 別記刊誤于卷末 示不誣也

　나군은 또 이 책의 일곱 가지 증거 외에도 4가지 기이한 점이 있다고 생각했다.

　옛날 성덕(盛德) 연간에 태복(太僕) 장의(璋儀)가 『가정(嘉靖) 유양지(惟揚志)』를 지었고 이 책 원래의 머리말 결미에 유양(惟揚) 학산(學筭) 조성원진이라고 썼는데 유양(惟揚) 두 자가 서로 같다.

　어떤 사람은 원(元) 지정(至正) 22년 임인(壬寅)년에 처음으로 양주(揚州)를 유양부(維揚府)로 고쳤는데 이 책은 대덕(大德)으로 3년 뒤니 그 시기가 일치하지 않는다고 의심한다. 유양(惟揚)의 명칭에 있어서도 유(惟)와 유(維)자는 각각 다르지만 송(宋) 『보우지(寶祐志)』에 이미 우공(禹貢)이 "회해(淮海)의 유양(惟揚)"이라는 문구를 들어 유양(惟揚)이라고 쓴 것을 모르는 것이다. 『가정지』의 주를 보면 유(惟)와 유(維)가 모두 조어사(助語辭)이니 고본에서 통용된다고 하였다.

　『운회(韻會)』는 『모시(毛詩)』에서는 조사로 유(維)를 많이 쓰고 『서경(書經)』와 『논어(論語)』에서는 곧 유(惟)를 쓴다고 말한다.

　조씨가 내 고향 사람인 것은 의심할 바가 없다.

　원 대덕 년간에 일찍이 주씨를 위해 두 책을 펴냈고 이제 내 고향 양주에서 이 일에 종사하는 사람들이 바로 다시 구름같이 모여드니 그가

---

3) 노(魯)를 어(魚)로 잘못 쓰거나 해(亥)를 시(豕)로 잘못 보는 일. 곧 문자를 틀림.

남긴 은혜가 아직 없어지지 않았다. 두 책은 또 앞뒤로 내 고향 사람이 교정하고 대조해서 간행한 것이다. 그 점이 기이한 것이니 조씨의 머리말에 장차 발모연여(拔茅連茹)로 갖추어짐을 보게 될 것이라고 했었다.

羅君又以爲此書七證之外 兼有四奇

昔盛德璋太僕儀 譔嘉靖惟揚志 及此書原序結尾署惟揚學箄趙城元鎭 惟揚二字相同

或疑元至正二十二年壬寅始改揚州爲維揚府 在此書大德三年後 其時不應有惟揚之僞且惟與維字又各異 不知宋寶祐志已據禹貢淮海惟揚 作惟揚矣

見嘉靖志注 至惟維皆助語辭 古本通用

韻會謂毛詩助辭多用維 書及論語 則用惟

是趙爲吾鄕人無疑

當元大德時曾爲朱氏刻梓二書 今吾鄕揚州從事于斯者 正復雲集 遺澤未湮

二書 又先後爲吾鄕人所校鬙刊行

其奇者也 趙序謂將見拔茅連茹以備

"청조(淸朝)의 선(맑은 조정에서 뽑음)"은 대덕 시기에는 일상적인 칭송어에 지나지 않았으나 그 뜻이 우리 천조(중국 청조(淸朝))의 전조가 되었으니 그 기이함이 둘이요

淸朝之選 在大德時 不過尋常頌語 而意爲我天朝 預兆

其奇者二也

이 책은 대덕 기해 7월 기망에 완성되었는데, 그 역사가 이제 540년이 된다. 도성 안에 이 책을 맡겨두었다가 양주에 도착한 연월일이 딱 들어

맞으니 그 기이함이 셋 이다.

　원(元) 가경(嘉慶) 초에 『사원옥감』을 얻었고 지금은 도광(道光) 19년이다(*즉 기해년임).

此書成于大德己亥七月 旣望 乃歷今五百四十年計

都中寄此書 到揚州年月日悉符

其奇者三也

元于嘉慶之初 得玉鑑 今于道光十九年

　나는 퇴직하여 유양에 돌아와서 다시 『산학계몽』을 보았는데 나군 등이 다시 선서의 교정을 간행하는 것을 눈으로 보며 그 완성을 기쁘게 관찰했으니 그 기이함이 넷 이다.

　고무해세(庫務解稅)와 절변호차(折變互差) 2문(門)에 중통이 있는데 원나라의 시장에서 날마다 사용하는 것과 시박사(市舶司)[4]의 세금 매기는 것에 이르면 족히 원나라 초기 교역의 고증이 된다.

予告歸惟揚 又見啓蒙 且目見羅君等筭斟刊刻 樂觀厥成

其奇者四也

至于庫務解稅 折變互差 二門 有中統 至元時市廛日用 及市舶司之稅
價尤足 以資元初交易之攷證焉

　대청 도광 19년 기해 9월 양주

大淸 道光十九年 己亥 九月 揚州

　여고 대학사 태자태보 재적식봉 완원 서

予告 大學士 太子太保 在籍食俸 阮元 序

---

4) 송, 원, 명, 청시대에 광주(廣州), 천주(泉州) 등에 설치되어 무역 사무를 맡아보던 관아.

산학계몽 후기

算學啓蒙 後記

·

이 책은 『사원옥감』과 같이 원 대덕 시기에 주송정 선생이 지으신 것
이다. 두 책은 잃어버린 지 오래되었다. 『사원옥감』의 이름은 오히려 매
목적공(梅文穆公)[1]의 『적수유진(赤水遺珍)』 가운데 보인다. 『사원옥감』은
일찍이 널리 전해진 판본이 있었으나 이 책은 결국 단절되어 아는 사람
이 없었다.

지난번 『사원옥감』의 초고를 보완할 때에 이 책이 『사원옥감』과 서로
표리인 것을 알고 찾아보았으나 발견하지 못해 유감으로 여겼다.

是書與四元玉鑑同爲元大德時朱松庭先生所譔 二書久佚

玉鑑之名猶見於梅文穆公赤水遺珍中

是玉鑑尚有流傳之本 而是書竟絶無知者

向爲玉鑑補牉時 知是書與玉鑑相表裏 深以未見爲憾

조선에서는 이 책으로 산과(算科)에 선비들이 시험 본다는 것을 최근에

---

1) 매곡성(梅穀成, 1681~1763), 중국의 전통 수학과 함께 수입된 수학을 집대성하여 『수
리정온』(數理精蘊, 1723) 53권의 편집을 주도했다.

듣고서 도성의 선비에게 편지로 부탁하고 찾아가 구했다.

이 책은 조선 중간본으로 책머리에 '조선 통정대부(通政大夫) 수전남도 (守全南道) 관찰사(觀察使) 겸 병마수사절도사(兵馬水師節度使) 순찰사(巡察使) 전주부윤(全州府尹) 김시진(金始鎭)'의 머리말이 있고 또 원(元) 대덕(大德) 유 양(惟揚) 학산(學筭) 조성원진(趙城元鎭)의 원래 머리말이 각각 하나씩 있다.

내 생각에는 오직 당(唐)나라 때 과거에 명산과(明筭科)가 있었던 것 같 다. 『주비산경(周髀算經)』으로부터 왕효통(王孝通)의 『집고산경(緝古算經)』에 이르는 것을 '10경'이라고 부른다. 시대 구분으로 판단할 때 조성원진의 머리말 있는 "이순풍(李淳風)이 풀이한 10경"은 바로 이것을 말할 뿐이다. 그 뒤 명산과는 비록 없어졌으나 옛것은 그리 멀지 않은 문헌에서 검증 할 수 있다.

近聞朝鮮以是書爲筭科試士 因郵浼都中士訪獲

是書爲朝鮮重刊本 卷首有朝鮮通政大夫 守全南道觀察使 兼兵馬水 師節度使 巡察使 全州府尹 金始鎭序 又元大德 惟揚學筭 趙城元鎭原 序 各一首

竊惟唐時選擧有明筭科 自周髀以迄王孝通之緝古號爲十徑

分限年歲趙序淳風之解十經 卽此謂耳

厥後科雖廢去 古未遠文獻可徵

그러므로 산학에서 중요한 것은 마땅히 송(宋)과 원(元)대의 진구소, 이 야, 주세걸 삼가(三家)가 크게 이루었다고 말할 수 있다.

진씨는 『수학구장(數學九章)』을 지어서 옛 음수와 양수의 계산, 제곱근 푸는 방법을 보여주었다.

이씨는 『측원해경(測圓海鏡)』과 『익고연단(益古演段)』 두 책을 지어서 옛 천원술(天元術)을 세우는 방법을 전해주었다.

주씨는 진구소와 이야가 크게 이루어 놓은 것을 모아서 그것을 겸해 가지고 단지 다시 확장해서 4원(四元)에 이르렀다.

그래서 실사구시(實事求是)는 감춰도 보지 못하는 것이 없고 미미해도 뚜렷하지 않은 것이 없다.

故言筭要 當以宋元時秦李朱三家爲大備

秦氏箸數學九章 而古正負開方術顯

李氏箸測圓海鏡益古演段二書 而古立天元一術傳

朱氏集秦李之大成 而兼而有之 又惟廣以至四元

于是實事求是 無隱不見 無微不彰矣

진구소 자신의 머리말을 보면 순우(淳祐) 7년이니 이 해는 정미(丁未)년으로 원(元) 정종(定宗) 2년이 된다.

이씨의 두 책 중 『측원해경』은 『익고연단』보다 앞서고 자신의 머리말을 쓴 해는 무신(戊申)년으로 당연히 원 정종 3년이다. 헤아려보면 진구소와 이야 두 사람의 책은 앞뒤로 겨우 1년 차이가 나니 진구소와 이야가 동시대 사람임은 말할 필요도 없다.

이 책은 대덕(大德) 기해(己亥)년에 완성되었는데 순우(淳祐) 정미(丁未)년과는 53년의 거리가 있다. 주세걸과 진구소가 서로 보았는지 안 보았는지는 알 수 없다.

연견(硯堅)의 머리말을 조사하면 『익고연단』은 원 임오(壬午)년이어서 기해년보다 약 17년 앞선다.

만약 『사원옥감』의 머리말에서 주씨가 호해(湖海)를 20여 년 간 두루 돌아다녔다고 말하지 않았다면 아마 주세걸과 이야는 오히려 서로 영향을 끼쳤을 것 같다.

또 양휘(楊輝)를 살펴보면 자는 겸광(謙光)이고 전당(錢塘) 사람으로 『양휘산법』 6권을 지었다. 완원(阮元) 재상의 문선루(文選樓)에도 필사본이 있는데 1권은 『전무비류승제첩법 상(田畝比類乘除捷法上)』라 하고, 2권은 『전무비류승제첩법 하(田畝比類乘除捷法下)』, 3권은 『산법통변본말(筭法通變本末)』, 4권은 『승제통변산보(乘除通變筭寶)』 5권은 『법산취용본말(法筭取用本末)』, 6권은 『속고적기산법(續古摘奇筭法)』이라 한다.

그 책은 천박하고 좁아서 족히 볼만하지 않으니 김시진이 머리말에서 쉬운 것을 버리고 어려운 것을 좇는다고 한 그 말이 옳다.

양휘가 자신의 머리말을 쓴 덕우(德祐) 을해(乙亥)년은 송(宋) 영국공(瀛國公) 원년이 되고 바로 원 지원(至元) 12년이기도 하다. 『측원해경』보다 뒤이고 『익고연단』보다 앞으로 헤아려보면 이 책보다 24년 앞선다.

양휘와 이야는 마땅히 동시대 사람이고 주세걸과 양휘는 혹시 또 서로 보았을 수 있다.

핵심을 종합해 보면 여러 산가들의 서로간의 거리가 60년을 넘지 않는다.

案秦書自序 淳祐七年 是歲丁未 爲元定宗二年
李氏二書海鏡在演段之先 自序戊申當爲元定宗三年
計秦李兩家書 先後厪差一年 秦李同時不待言矣
是書成于大德己亥 上距淳祐丁未五十三年
朱與秦之逮見不逮見未可知
攺硯堅序 演段在至元壬午 先己亥才十七年
莫若序玉鑑謂朱氏周游湖海二十餘年 似朱與李猶得相及
又案楊輝 字謙光 錢塘人著筭法六卷 阮相國文選樓亦有鈔本
一曰田畝比類乘除捷法上 二曰田畝比類乘除捷法下
三曰筭法通變本末 四曰乘除通變筭寶
五曰法筭取用本末 六曰續古摘奇筭法
其書淺陋 不足觀 金序謂舍易趨難 斯言讎矣
楊自序德祐乙亥爲宋瀛國公元年 亦卽元至元十二年
在海鏡後 演段前 計先是書二十四年 楊與李當爲同時 朱與楊或亦可逮見

綜覈諸家先後相距未踰六十年

　시대적으로 보면 그 때가 산학의 이름이 가장 두드러져서 이야 같은 이는 곽수경, 형운로, 대진 제공(諸公)을 얻었고 또 마침 그 기간 동안 역법이 크게 밝아진 까닭이 되었다.

　또한 양휘의 머리말에서 말하는 중산(中山) 유 선생과 사중영(史仲榮) 그리고 『사원옥감』에서 조이(祖頤)의 머리말에서 말하는 평양(平陽) 장주(蔣周) 등과 같은 사람은 그 책이 비록 전하지 않아 그 사람들을 조사해 볼 수는 없지만 그 한 때 인재의 풍부함과 총명 정예함을 이미 대략적으로 볼 수 있다.

　산학의 출중함은 이제 옛일이 되었다. 명나라 끝에 내려와서는 공담(空談)으로 여기게 되었고, 산학은 점점 잃어버리면서 책도 소멸되어 없어지고, 대껍질과 시냇물을 돌아보는 무리가 함부로 깎아 내니 『천원세초』는 마침내 끊긴 학문이 되었다. 지금의 『10경』은 오직 기술을 이어 놓았을 뿐이고 전해진 것은 잃었다. 남은 것은 진구소와 이야의 여러 책과 더불어 순서에 따라 다시 내서 모두 『사고전서(四庫全書)』에 수록했다.

　以時攷之　彼時筭名最箸　如李受益郭邢臺諸公　亦適值其間所以秝法
大明
　又如楊序所傳中山劉先生及史仲榮　玉鑑祖序所傳平陽蔣周等
　雖其書不傳其人莫攷　而其一時人才之盛聰明精銳已可槪見
　宜乎筭之超越　今古也　降及明季以空談爲便
　筭學寖失　書亦湮亡　致顧箬溪　輩妄刪天元細艸　遂成絶學
　今十經惟綴術失傳　餘與秦李諸書次弟復出皆收入*四庫全書

　그런데 『사원옥감』도 역시 내 고향을 거쳤다. 완원 재상은 이어서 초

록을 얻으니 이 학문은 그로 인하여 다시 흥성하게 되었다.

이 책은 원나라 때 조(趙)씨가 간행한 것이다. 조씨는 유양(惟揚) 사람으로 이에 책이 유양에 돌아다녔으나 다시 얻을 수 없었다. 언제 그곳으로 유입되었는지 모르겠으나 먼 고장2) 사람이 학문에 뜻을 두어 이 책이 중요한 줄 알고서 다시 간행하였음을 족히 알 수 있다.

500여 년이 지난 뒤에 다시 옛 땅으로 돌아오니, 어찌 주씨와 내 고향 사람이 인연이 있어 이 글이 어둠에 떨어지는 것을 막고 어둠 속에는 침묵이 있으니 꾸짖어 침묵하지 못하게 하는 것이 아니겠는가?

而玉鑑亦經 吾鄕阮相國續獲鈔錄 斯學因得復昌

是書在元時爲趙氏所刊 趙爲惟揚人 乃惟揚轉 不可復得

不知何時流入彼中 足見遠人嚮學 知重是書 重爲刊梓

歷五百餘歲 而得以復歸故土

豈非朱氏與吾鄕有綠 抑斯文未墜冥 冥中有嘿 爲呵護者邪

이 책은 특히 『사원옥감』과 표리가 될 뿐만 아니라 송 이전의 여러 옛 산학서와 서로 참고가 된다. 지금 방법과의 같은 점과 다른 점을 재어보면 보기에는 얕지만 실제로는 깊다.

옛날에 매징(梅徵)군은 '귀제가괄(歸除歌括)'이 명나라 전기 오신민(吳信民)의 『구장비류(九章比類)』에서 시작한다고 말했다.

이 책 '구귀제법(九歸除法)'에서의 "일귀여일진(一歸如一進)", "오귀첨일배(五歸添一倍)", "구귀수신하(九歸隨身下)" 세 구만 지금의 글과 약간 다를 뿐이고 나머지는 예외 없이 서로 같다.

증거를 대자면 양씨의 『승제변통산보』권에 실린 '구제신괄(九歸新括)'은 「양휘의 책을 살펴보면 '구제신괄' 아래 옛 구절로 된 주가 두 개 있

---

2) 조선을 말한다.

는데 큰 글자로 된 옛 구는 위에 있고 다음과 같이 말한다. "귀수구성십(歸數求成十)", "귀여자상가(歸餘自上加)", "반이위오계(半而爲五計)", "정위퇴무차(定位退無差)". 그 구절마다 아래에 작은 글자의 겹줄로 된 주는 다음과 같이 말한다. "구귀견일하(九歸見一下) 일견사오작(一見四五作) 오우구성십(五遇九成十)", "기팔귀견일하(其八歸見一下) 이견사작(二見四作) 오우팔성십(五遇八成十)", "기칠귀견일하(其七歸見一下) 삼견삼오작(三見三五作) 오우칠성십(五遇七成十)" 등등」

비록 문구는 같지 않아도 확실히 오신민에게서 시작된 것이 아니라는 것을 알 수 있다.

是書匪特與玉鑑堪爲表裏 且可與宋已前諸古筭書互相參覈

以斠今法之異同 似淺實深

昔梅徵君謂 歸除歌括始于前明 吳信民 九章比類

是書九歸除法惟 一歸如一進 五歸添一倍 九歸隨身下 三句 與今文小異 餘悉相同

證以楊氏乘除通變筭實卷中所載九歸新括

「案楊書九歸新括下云 以古句人注兩存之 其大字古句在上云

歸數求成十 歸餘自上加 半而爲五計 定位退無差

其每句下小字雙行注云 九歸見一下一見四五作五遇九成十

其八歸見一下二見四作五遇八成十

其七歸見一下三見三五作五遇七成十 諸語」

雖文句不同 而信非始于吳信民也 可知

징(徵)군은 또 "옛 산법은 셈대를 썼는데 1부터 5까지는 모두 세로이고 6부터 9까지는 모두 가로이며 위에 있는 1은 5에 해당한다"고 말한다.

이 책 '명종횡결(明從橫訣)'에 "1은 세로 10은 가로, 백은 세우고 천은 눕힌다……"는 모두 12구로 『손자산경(孫子筭經)』, 『하후양산경(夏侯陽筭

經)』과 대강이 같다.

증거를 대자면 건착도(乾鑿度)에서 누운 계산은 해이고 세운 계산은 날이다. 요는 모두 계산의 자리를 자세히 밝힌 것이지 굳이 겨우 셈대를 쓰는 것에 대해 말한 것이 아니다.

微君又謂古筭用籌 一至五皆從列 六至九皆橫 一于上以當五
是書明從橫訣 一從十橫百立千僵 凡十二句
與孫子筭經 夏侯陽筭經 約略幷同
證以乾鑿度 臥筭爲年 立筭爲日 要皆詳明筭位 固不廑爲用籌 言之也

만약 옛 사람이 쓴 문장에 지금의 방법과 다른 것이 있다면, 예를 들어 오늘날의 이른바 현화교(弦和較)는 바로 구교화(句較和)이고 또 바로 고교교(股較較)이기도 하다. 옛날에 단순히 화교(和較)라고 말한 것은 이에 구고 화교(句股和較)를 생략한 문장이니 이미 『옥감세초』의 교정한 후기에서 상세히 설명했다.

若夫古人行文有與今法不同者 如今之所謂弦和較 卽句較和 亦卽股較較
古則單言和較者 乃句股和較之省文 已詳釋于玉鑑細艸之校演後記矣

또 명나라 정대위(程大位)의 『산법통종(筭法統宗)』 쇠분장(衰分章)은 4·6차분(差分) 2·8차분을 싣고 있다. 여러 방법이 비록 본래 양휘의 책에서 인용한 것이지만 지남산법(指南筭法)에서는 차례로 몇 분의 몇을 취해서 비율로 하고 있으니 실로 옛 방법의 유산이기도 하다.

그러나 이 책 '차분균배(差分均配)'의 제7, 제8번 두 문제에서도 또 46 28이 있다. 여러 차분은 모두 '절차(折差)'를 한 글자로 놓은 것이니 제10번 문제 28절 37절과 같은 예이다.

증거를 대자면 진씨 『수학구장』 5권의 '부역(賦役)'아래 제2번 문제, '균과면세(均科縣稅)' 아래 두 등급은 중간 등급에 비해 64절로 차이 나는 과세율을 구하나 4절을 쓰는 것도 맞다.

又如明 程大位 筭法統宗 衰分章載有四六差分二八差分 諸術雖本楊書所引 指南筭法遞取幾分之幾 爲率 固亦古法之遺

然是書 差分均配 弟七弟八 兩問亦有四六二八

諸差分皆以下一字折差 與弟十問二八折 三七折 同例

證以秦氏 數學九章 卷五 賦役下 弟二問 均科縣稅下 二等比中等六四折差科率求之 而用四折者亦合

또 동원(東原) 대씨(戴氏)[3]는 처음에는 『영락대전(永樂大典)』 중에서 유휘가 주를 단 『구장산술』에 따라 정부술(正負術)에서 "정무인부지(正無人負之)" "부무인정지(負無人正之)"의 주에서 '무인은 상대가 없다는 것이다'라고 말했다. 구절이 분명하지 못해서 인(人)자를 베끼는데서 생긴 잘못으로 오인해서 모두 입(入)자로 고쳤다. .

이 책 '명정부술(明正負術)' 아래에 작은 글자의 겹줄로 된 『구장산술』의 주를 인용한 것을 보면 인(人)을 입(入)으로 쓴 것은 옳지 않다고 말한다. 함부로 고치는 것이 대씨에게서 시작된 것이 아니라 원대에 이미 그러했다.

又東原戴氏 初從永樂大典中 得劉徽所注之九章 因正負術 有正無人負之 負無人正之注 謂無人爲無對也

句未分曉 誤以人字爲傳寫之譌 悉改作入字

是書 明正負術下 小字雙行 案引九章注 謂人作入非是

妄改不始于戴氏 在元時已然

---

3) 대진을 말한다.

정(鄭)씨[4]가 주를 단 『주례(周禮)』에 '중차(重差) 석걸(夕桀) 전효(錢曉) 징첨사(徵詹事)'라는 것이 있는데 '석걸(夕桀)'은 '호승(互乘)'이 잘못 전해진 것이 아닌가 의심스럽다. 『양신록(養新錄)』을 보아도 알 수 없다.

'중차'와 '석걸'의 두 이름은 진구소의 책 제4권 측망장(測望章)에도 이미 섞여 나와 있다. 이것은 옛 이름을 겨우 볼 수 있는 것이다.

鄭注周禮 有重差 夕桀 錢曉 徵詹事 疑夕桀爲互乘之譌 見養新錄 不知 重差夕桀二名已雜出秦書 卷四 測望章 此古名之廑見者

이 책의 '구일(求一)', '천도(穿輈)', '쌍거호환(雙據互換)' 등의 이름은 '귀천반율(貴賤反率)', 가령율(假令率)에 미치는데, 모두 역시 최근에는 드물게 전해진다.

살펴보면 가령률은 본래 유휘가 주를 단 『구장산술』 영부족(盈不足)장에서 비롯되고 그 귀천반율도 『구장산술』 속미(粟米)장에서 비롯되는데 "그 율로 그 율을 되돌린다"고 말한다. 이것은 이미 '구일'인데 진구소의 책에 실린 것과는 같지 않다.

양휘 『산법통변』에 "구일대승제(求一代乘除)", 또 "구일제등술(求一除等術)"이 있는데 이것은 이미 '천도'라는 것이고 '대승대제(代乘代除)'이다. 양휘의 책에서는 각각 300문제를 배열하고서 그것을 '천제(穿除)'라 하였다.

증거를 대자면 『하후양산경』에도 '자신 외에 얼마를 더하고 얼마를 뺀다.'는 것이 있으니 나란히 같다.

이 방법은 대체적으로 지금의 '비귀(飛歸)'인데 실로 '천도'의 일종이다.

'호환'이라는 이름은 양휘의 책 『속고적기』와 진구소의 책 권6 전곡(錢穀)장에 나란히 보인다. 때로 "호환"이라 부르고 때로 "호역(互易)"이라고

---

4) 정현(鄭玄)을 말한다.

이름했다.

그 가운데 이른바 안시승(雁翅乘; 기러기 날개 곱)이 있는데 이 책 영부족술의 '뉴승(紐乘)'과 대략 서로 비슷하다.

'뉴승'이란 이름은 『구장산술』과 진구소의 책에 서로 보인다.

是書 求一穿韜 雙據互換 等名洎貴賤反率 假令率 亦皆近今罕傳

案假令率 本劉徽所注之九章 盈不足章

其貴賤反率 亦九章 粟米章 謂爲其率反其率 是已求一 與秦書所載不同

楊輝筭法通變 有求一代乘除 又有求一除等術 是已穿韜者 代乘代除也

楊書各設三百題 謂之穿除

證以夏侯陽筭經 亦有身外添幾減幾 幷同

此法蓋今之飛歸實穿韜之一種

互換之名幷見楊書 續古摘奇 及 秦書卷六 錢穀章 或名 互換 或名 互易

其中 有所謂雁翅乘 與是書 盈不足術 維乘 大略相似

維乘之名 九章 秦書 互見

대체로 여러 비율이 모두 송·원 이전에서 기원한다. 그렇다면 옛날 방법의 뚜렷한 모양을 조사해 볼 수 있다.

이 책이 다시 나타난 덕택에 그것을 위해 증거가 될 것이다.

大氐 諸率皆濫觴于宋元以前 然則 古法之班班可攷

尙賴是書復顯 而爲之佐證焉

특히 조선에서는 원나라 대덕 시대 조씨의 원래의 판본에 의거해서 다시 조판했는데 그 '전무형단(田畝形段)' 제14번 문제에서 마름모꼴 밭의 그림은 판의 가운데에 걸쳐있어서 위쪽 물고기 꼬리[5]를 잘라 버렸다.

『사원옥감』 머리에 제시된 '4원자승연단(四元自乘演段)'과 '5화(五和)' '5

교(五較)' 세 그림도 같은 병이 있다.

대개 송·원 때는 무릇 책에 그림이 있는 것은 나비묶음으로 하는 것이 많았는데 지금의 책장처럼 두 날개를 서로 맞추어 마주보는 형태로 만든다. 그래서 비록 그림에서 중봉(中縫)[6]을 차지하더라도 거리낌이 없었다.

만약 지금 책의 선이 반절로 묶지 않았더라면, 하나의 그림은 음양 면으로 나누어 각각 반이 되었을 것이다.

그러나 이 책의 소중함은 그림에 있지 않고 아직 옛것을 그대로 따르는데 있다.

다만 조선본의 판은 펼쳐보면 근래에 발간한 『옥감세초』본보다 넓다.

지금 것은 다만 작게 축소해서 영간(影刊)한 것으로 거의 주씨의 두 책을 통틀어 일률적으로 만들어서 방식을 하나로 이르게 했다.

조선에서 원래 간행된 판본에 의하면 그 당시 시속에는 글자를 베낄 때 나(那)같은 것은 邢로 쓰고 대(臺)는 臺로 가(假)는 때로 假로 썼다.

또 리(厘)와 무(畝)의 종류는 낱낱이 들어서 말할 수 없으나 역시 대조하여 고치지 않았다. 오로지 원본의 진실을 보존하는데 신중함을 다했다.

特朝鮮 依元大德時趙氏原槧本 重雕

其田畝形段 弟十四問 梭田形圖騎版心 割去上方魚尾

與玉鑑首列 四元自乘演段 及 五和 五較 三圖 同病

蓋宋元時 凡書之有圖者 多爲蝴蝶裝

如今之冊頁 作兩翼相合對形 故雖占中縫于圖 無礙

非若今時書線裝反折 致一圖 而分陰陽面 各半

然是書之所重不在圖 姑仍其舊

惟朝鮮本之版扇視 近刻玉鑑細草本較廣

今但歟爲縮狹影刊 庶朱氏二書通爲一律 至款式一

---

5) 목판본에서 책장의 중앙부분에 물고기 꼬리모양이 인각(印刻) 되어 있는 것을 말한다.
6) 목판본에서 책장의 중간 부분(제본 할 때 접는 부분)

依朝鮮原刻 其當時俗寫字 如那作邦 臺作臺 假或作假
又厘畝之類不可枚擧 亦不校改
俾存原本之眞 愼之至也

　　이 책 원전(田完田)의 '원(田完)'은『사원옥감』에서도 볼 수 있는데, 어
떤 사람은『자서(字書)』에 없는 것이라고 의심한다.
　　유휘가 주를 단『구장산술』을 보면 또한 원(田完)으로 되어 있다.
　　이적은『음의(音義)』에서 당연히 宛를 잘못 쓴 것이라고 말한다.
　　대개『이아(爾雅)』의 '원중(宛中)'과 '원구(宛邱)' 주에 "중앙이 우뚝 솟은
뜻"이라 하였다.
　　지금의 판본은 이씨가 고친 것을 따른다.
　　『양휘산법』은 畹으로 되어 있다.
　　『설문해자(說文解字)』에서의 '畹'아래 주를 조사해보면 "밭 13무로 중앙
이 우뚝 솟은 뜻이 있다"고 하였다. 달리 구별해 보면『하후양산경』환전
(丸田)주에 "모양이 반쪽의 뒤집은 탄환과 같다."고 하였고 풀이에서 말하
길 "지름과 원둘레를 곱하고 4로 나눈다."고 했으니 이것과 합치한다.
　　환(丸)과 완(田完)은 소리가 비슷하고 畹과 田完 은 모양이 비슷하다.
　　田完 은 비록『자서』에는 보이지 않지만 명나라 형운로(邢雲路)의『고
금율력(古今律秝)』과 대체로 같다.

至于是書田完田之田完 幷見玉鑑 或疑字書所無
案劉徽 所注之九章本 亦作田完
李籍音義謂當作宛字之誤也
蓋取爾雅 宛中宛邱注 中央隆高之義
今刻從李所改
楊輝筭法畹 攷說文畹下注 田十三畝也 與中央隆高義
迥別夏侯陽筭經 丸田注 形如覆半彈丸 術曰 徑乘周四而一 與此合

丸田完音近 畹田完形近似

田完雖不見千字書 殆如明邢雲路 古今律秝

먁적(冪積)의 '먁(冪)'을 조사해 보면, 별도로 冪으로도 쓰는데 산서에서
흔히 함께 쓰는 글자이다.

攷冪積之冪 別作冪 同爲筭書習用字

또 『갈관자(鶡冠子)』 천권(天權)편에 향비수첩(身句 蜚垂輒)의 '향(身句)'자
'첩(輒)'자 역시 『자서』에는 없지만 뜻은 의심할 바가 없다.

且鶡冠子天權篇 身句蜚垂輒之身句字輒字 亦字書所無 無可疑義

또 이 책의 체감체인(遞減遞因)의 '체(遞)'자는 여러 번 보이는데 遞는 『집
운(集韻)』 12제(十二齊) 아래의 주에 "전(田)과 여(黎)는 끊어진 성이다"라 하
였다.

자구의 해석과 설명하는 글이 어울리지 않으니 풀이의 뜻에 따라 마
땅히 체(遞)가 되어야한다.

『집운』은 체(遞)를 때로 遞로 쓴다. 遞와 체(遞)는 모양이 비슷해서 잘
못 전해진 것으로 생각된다.

아마 체(遞)와 체(遞)도 산서에서 간단하게 쓴 가차자일 것이다.

확실한 증거가 없는데도 자신의 견해로 이끌고 고쳐서 후학들이 의혹
을 키우게 해서는 안 된다.

又是書遞減遞因之遞字 凡數見 遞在集韻十二齊下注 田黎切姓也

訓與術文不協 據術義 當爲遞

集韻遞 或作 遞 想因遞遞字形相似而譌

抑遞递 亦筭書省筆假借字

無有确據 未敢以臆見率改 致後之學者滋或

김시진의 머리말에 다시 양휘의 <망해도(望海島)> 1장을 권말에 첨가해 넣었다고 말했다.

살펴보면『양휘산법』권말에 실린 해도는 문제와 풀이가 대개 유휘의 『해도산경』에서 나왔다.

그 중 유휘의 책에서 볼 수 없는 것은 유래를 알지 못하기에 결국 양휘로부터 나온 것으로 생각된다.

그 앞의 문제에서 "지금 바다의 섬을 바라보고 푯말 두 개를 세운다. 각각은 5장이다." 아래에 작은 글씨의 겹줄로 된 주는 "장(丈)은 마땅히 보(步)로 써야한다."고 말한다. 이것도 그 안에서 교정한 것이다.

양휘의 책과 유휘 본래의『해도산경』에 따르면 나란히 높이가 3장이라고 말하고 있다. 대개 그 안의 필사본이 3을 잘못해서 5로 하고 그 때문에 숫자가 맞지 않자 오히려 틀리지 않은 장(丈)자를 잘못이라고 생각했을 뿐이다.

또 양휘의 책과 유휘 본래의『해도산경』에는 나란히 "풀이는 법으로 나눈다(術曰爲法除之)" 아래에 "얻은 것을 표 높이에 더한다(所得加表高)." 다섯 글자가 있다.

지금 조선 중간본에는 이 구절이 없어서 안내에 "반드시 다시 표의 높이를 더해야 한다."고 말했는데 이에 따른 것이다.

또 그 중 필사본이 그것을 탈락시켰기 때문에 그 뒤의 문제는 곧 양휘본『구장표망산술(九章表望山術)』이면서도 여러 수들을 변통했다.

金序謂 更以楊輝望海島一章 添入卷尾

案楊輝筭法卷末所載海島 題解蓋本諸劉徽海島筭經

彼中未見劉書 不知所本 遂以爲出自楊輝

其前題 今有望海島立二表各五丈下 小字雙行注云 丈當作步
此亦彼中所校
據楊書 及劉徽本經 幷云高三丈
蓋彼中鈔本 誤三爲五 因不合數 轉疑不誤之丈字爲誤耳
又楊書及劉徽本經幷于術曰爲法除之下 有所得加表高五字
今朝鮮重刊本無此句 而于案內云必須更加表高 方准此
又彼中鈔本奪落之 故其後題則楊本九章表望山術 而變通諸數也

이외에 모든 글자의 잘못과 숫자의 오류와 무릇 그림과 식의 모든 오류에 이르기까지 빠짐없이 각각 뾰족한 삼각형으로 나타내고 뒤의 여백에 별도로 적었다.

뜻을 풀이하는데 가린 것이 있거나 요지가 드러나지 않은 게 있으면 또한 각각 설명하여 나중에 덧붙였다.

外此 凡字誤數誤 洎夫圖與式諸誤 悉各鐵出別記于後閒

有術義隱腜 莫揭其恉 亦各綖詮 幷坿後次

조씨는 『옥감』의 머리말에서 주씨가 다시 광릉에 놀러와서 방문했을 때 학자들이 구름같이 모였다고 했다.

구름같이 모였다고 말했으니 마땅히 한 두 사람에 그치지 않았을 것이다.

모임이 어느 때이고 그때의 학자들의 성씨도 모르고 누구인지 전혀 조사해 볼 수도 없다.

이제 내 고향에서 주씨를 따르는 학자들이 또 다시 구름같이 모였는데 뒷사람들이 지금처럼 조사해 보지 못할까 두려워하여 이번 기회에 그 탐구하는 마음을 늘어놓고 배운다.

祖序玉鑒謂 朱氏復游廣陵踵門 而學者雲集
夫旣曰雲集 當不止一二人
會幾何時而學者姓氏莫知 誰何一無
可攷茲吾鄉從事朱氏 學者又復雲集 恩後之無
可攷亦如今 用是 臚列其究心 游藝

　동치(同治)의　4원(四元)은　강도(江都)의　여구(與九)　심영(沈齡),　계화(季華)
전보실(田普實),　천장(天長)의　소주(紹周)　령건공(岺建功)과　그들을　따른　사람
인　추령(秋舲)　(즉　감수(淦水))　전말(全茉)의　우곡(禺谷)　김망흔(金望欣)이　있다.
　천장은　곧　당나라　때　강도를　나누어　6합으로　만든　것인데　높은　곳에
는　문서를　전달하는　역말이　설치되어　있었다.　처음에는　천추현(千秋縣)이
었다가　오래지않아　지금　이름으로　바뀌었다.
　본래　우리　군은　전말읍에　속했고　수나라　때는　곧　강도군에　속했다.
　마땅히　주씨가　광릉에　놀러　온　그　때는　두　읍이　오히려　함께　양주로에
붙어　있어서　령건공과　김망흔이　균등하게　우리　고장　사람이라고　말　할
수　있다.
　일꾼을　감독하고　교정보는　사람은　의징(儀徵)의　박생(樸生)　진로(陳輅)이
고　온제(蘊齊)　필광기(畢光琦)는　이　책을　얻어　우리　군으로　다시　돌아온　사
람이다.
　감천을　위해　맹자(孟慈)　왕희손(汪喜孫)이　시작을　제창하였으니　모두　주
씨에게　공이　있는　사람들이다.
　교정을　마치고　이것을　책　끝에　쓴　것은　이　책의　보배로움을　보고　겸해
서　원류를　알도록　하기　위해서이다.
　同治四元　則有江都　沈與九(_齡)　田季華(_普實)　天長岺紹周(_建功)
　暨其從子秋舲(_淦)　全茉金禺谷(_望欣)
　天長乃唐割江都六合　高郵地所置　初爲千秋縣　尋改今名

本吾郡屬邑全茉 則在隋卽屬江都郡
當朱氏游廣陵 其時 二邑尚同隷揚州路 故岑與金 均得僑吾郡人
其督工校讐 則有儀徵陳模生(_輅)
畢蘊齊(_光琦)而此書之得 以復歸吾郡者
爲甘泉 汪孟慈(_喜孫)倡其始 皆有功于朱氏者焉
校戢因書 此于簡簡末
以見是書之可寶兼知源流云

도광 기해 7월 기망 유양 후학 나사림 명향 지
道光己亥七月 旣朢 惟揚 後學 羅士琳 茗香 識

산학계몽술의 자서

算學啓蒙述義自序

　　주송정(朱松庭) 선생은 진구소 이야의 성장과 더불어 일가의 저작을 이루는데 세상에 전해지는 것은 오직 『사원옥감』과 『산학계몽』 두 책이다.

　　『옥감세초』는 이미 없어졌으나 감천(甘泉) 나씨(羅氏)가 나서서 그것을 보완했다. 해가 다시 12년이 지나 비로소 사원(四元)의 학을 탈고했다.

　　이에 『산학계몽』을 밝게 설명하려고 하였으나 옛 경은 흩어져 잃어버려 조선 중간본(重刊本)에 의지해서 다시 세상에 나오게 되었다.

　　朱松庭先生　兼秦李之所長成一家之著作

　　世所傳者　惟四元玉鑑　及算學啓蒙二書

　　玉鑑細草已軼　甘泉羅氏起而補之　歲更一紀始獲脫稿四元之學

　　於是暢明啓蒙　久經放失　賴朝鮮重刊本　以復行於世

　　이 본도 나씨가 얻은 것으로 다시 그것을 위해 식오(識誤)를 만들어 와전된 것을 증명하고 부록과 해설을 지어 그 비결을 드러냈으니 바로 나씨는 처음부터 끝까지 주선생의 공신(功臣)이고 이는 거의 하늘에서 비롯됨이 있다.

나씨는 내 고향 사람이다. 옛날 선생께서 우리 군에 놀러 오셨는데 이 책을 간행한 사람은 바로 조원진(趙元鎭)이라는 사람으로 원진 또한 내 고향 사람이다. 지금 내가 다시 선생의 책을 풀이한다면 선생과 내 고향 인사와는 천년이래 기침소리가 서로 닿아있는 것이다. 정말로 나씨와 같이 이른바 인연 있는 자를 거듭 얻으니 하늘이 아니라고 하겠는가?

此本亦羅氏所得 復爲之作識誤以證其譌 爲之作附釋以淺其秘

則羅氏始終爲先生功臣 殆有天焉

夫羅氏 吾鄉人也 昔先生游吾郡 而爲是書付梓者 則有趙元鎭 元鎭亦吾鄉人也

今余又解先生之書 則先生之於吾鄉人士千載而下謦欬相接

誠如羅氏 所謂有緣者又得 謂非天耶

이 책을 살펴보면 계몽이라는 이름을 붙이고 있으므로 해설을 기다릴 필요가 없을 듯하다. 그러나 통틀어 보아 세 권으로, 그 얕은 것은 작업을 능통하게 하고 일을 쉽게 하는 세세한 것에 지나지 않아 고기를 파는 자나 시장의 거간꾼도 능히 할 수 있다. 그 변화가 뒤섞이고 심오한 것을 탐구하고 숨은 것을 찾아내는 데에 이르러서는, 하늘과 땅의 상황이 변하고 해와 달이 바뀌어 모임에 이르도록 지극한 것도 모두 그 이치로 통할 수 있다.

顧是書命以啓蒙 似無待於解

然統觀三卷 其淺者不過通功易事之細 屠沽市儈類能爲之

及其變化錯綜探賾索隱 極而至於天地之情變 日月之交會 皆可以其理通之

배우는 자가 그 기술은 익히지만 그 법칙을 세운 근원은 쉽게 살피지 못하고, 그 드러난 것은 알아도 그것을 응용할 줄 모를까 두려워 나는 여러 해 동안 이것에 마음을 다해 연구해왔다.

무릇 중국과 서양의 학문은 모두 이 책에서 힘을 얻을 것이다. 증명한 것이 도움이 되지 않는 것이 없고 원리를 만나니 얼음이 녹는 것처럼 의혹이 풀리어 없어질 것이다.

그 가운데 달고 쓴 것은 모두 몸소 겪은 것이다. 그래서 선생께서 이끌어 주셨으나 밝혀주시지 않은 곳을 들어 상세히 설명하고 그 아래 주를 달아 놓았다. 그 말 하나가 얕고 속된 것이라도 돌아오는 것이 있을 것이니 또한 선생의 계몽의 뜻을 말할 뿐이다.

광서10년 갑신 8월 하한 의징 왕감 지

恐學者習其術 而未易窺其立法之原知其著 而無以得其引伸之

故余數年以來究心於此

凡中西之學悉以得力於是書者 證之莫不左右 逢原渙然冰釋

此中甘苦皆所躬歷 爰擧先生引而未發之處 詳爲詮說 附注其下

其言一以淺近爲歸 亦猶先生啓蒙之志云爾

光緒十年 甲申八月 下澣 儀徵 王鑒 識

예언
例言

一 산가의 책은 한우충동(汗牛充棟)[1]이나 이 책은 실로 여러 책의 열쇠
  이다. 배우는 사람들이 이 책에 아주 익숙하게 되면 여러 책들은
  바로 칼을 만난 듯이 풀릴 것이다. 단지 『사원옥감』과 서로 표리가
  될 뿐이 아니다.

一 筭家之書汗牛充棟 而是書實諸書之管鑰
  學者精熟是書 諸書直迎刃而解矣
  不獨與玉鑑相爲表裏也

一 이 책은 차례에 있어 매우 엄격하니 얕은 데서부터 깊은 것으로
  순서에 따라 점차 나아간다.
  곳곳마다 모두 서로 밝혀주는 신묘함이 있으니 배우는 사람들은
  마땅히 마음을 가라앉히고 익히기를 즐겨야 한다. 선생께서 인도
  하고 도와주려고 애쓰신 마음에 빚지지 않은 게 없다.

一 是書次第最爲謹嚴 由淺而深循序漸進 處處皆有互相發明之妙
  學者當潛心玩習 庶無負先生誘掖之苦心

---

1) 책을 수레에 싣고 끌게 하니 소가 땀을 흘리고, 쌓아올리니 마룻보에 닿음.

― 나씨가 잘못을 바로잡고 해석을 붙인 원본은 스스로 책으로 만들어 펴 머리에 놓았으며 이제 그 설명은 나누어 각 문제의 아래에 나누어 실어서 배우는 사람들로 하여금 관람하기 편하게 했다.

― 羅氏識誤附釋原本自爲卷帙 列於篇首
今分載其說於各問之下 使學者便於觀覽

― 산술은 마땅히 그 상(象), 수(數), 리(理)를 강구해야 한다.
그 상을 밝힌 뒤에 그 이치를 알며, 그 이치를 안 연후에 그 수를 구한다.
그러므로 무릇 말로 다할 수 없는 것은 그림을 그려서 설명하니 옛사람들이 법을 세운 근원이 마음의 눈에 분명해질 것이다.

― 筭術當講求象數理
明其象然後知其理 知其理然後求其數
故凡言之不能盡者作圖以明之 而古人立法之原了然於心目之間矣

― 이 책은 구고략(句股略)에서 여러 곳의 말이 상세하지 않음을 볼 수 있다.
그러나 구고는 곧 가로와 세로이고 천원술의 설명에서 가로와 세로의 화(和)와 교(較)의 방법을 시원하게 밝히고 있으니 바로 구고를 포함하고 있는 것이다.

― 是書於句股略見數處言之不詳
然句股卽是長平 其天元草中暢明長平和較之術 則句股賅焉矣

― 풀이 중에서 다른 책을 끌어다 증명한 것은 그 그림과 설명을 취하거나 원문을 잘라왔거나 반드시 출처를 표시해 밝혀서 감히 좋은 점을 노략질하지 않았고 비록 좁은 소견이라도 다다른 곳이 있으면 감안(鑒案)으로 구별하였다.

一 凡解中引證他書者 或取其圖設 或節其原文 必標明所自 不敢掠美
　　其爲管見所及 則以鑒案別之

一 나의 설명은 오로지 처음 배우는 사람들을 위하여 만든 것이기 때
　　문에 자세함을 구하는 데에 싫증을 내지 않았다.
　　다만 옛사람들의 정미한 곳에 철저하지 못해 남김없이 밝히지 못
　　했을까 두렵다.
　　다른 날에 박식하고 우아한 군자가 번잡함을 깎아내고 새는 곳을
　　보완했으면 하는 것이 바로 나의 커다란 바램이다.
一 余之詮設專爲初學而設 故不厭求詳
　　第恐古人精微之處 未能透發無遺
　　他日博雅君子刪其繁而補其漏 則余有厚望焉

『산학계몽』 간술[1]

『算學啓蒙』簡述

『산학계몽』은 원(元)의 주세걸(朱世傑)이 지었다.

전체 책은 3권으로 나누어져 있고 20부문으로 이루어졌으며 259문제가 제시되어 있다.

책의 머리에는 먼저 여러 종류의 자주 사용되는 수학적 기초와 가괄(歌括)[2] 및 기본 연산법칙을 서술한 뒤에 계속해서 초경(超徑) 등접(等接)[3]의 기술, 천원(天元)[4], 여적(如積)[5], 개방법(開方法)[6]을 자세히 서술한다.

얕은 데서부터 깊은 데로 들어가며 차례를 따라 점차 나아가니 확실히 계몽의 책이다.

이 책의 가장 이른 간행본은 원(元) <대덕(大德) 기해(己亥)년[7] 7월 기망(旣望),[8] 유양(維揚)[9] 학산(學算) 조성원진(趙城元鎭) 서(序)>본이다.

---

1) '간략한 서술'을 뜻하는데, 다음에 있다.
   靖玉樹 編勘(1994), 『中國歷代算學集成 上』, 山東 人民 出版社, 濟南, 1314~1315면.
2) 기억하기 쉽도록 요령만을 간추려 글자 수를 일정하게 만든 어구(語句).
3) 지름과 각.
4) 일종의 대수 방정식 세우기.
5) 연립방정식.
6) 제곱근, 세제곱근 등의 풀이법.
7) 1299년.
8) 음력 16일.

그 후 수백 년이 지나자 국내(중국내)에는 이미 전하는 판본이 없었다.

순치(順治) 17년(1660)에 조선 통정대부(通政大夫)이고 전주 관찰사(觀察使) 겸 병마수군절도사(兵馬水軍節度使)인 전주(全州) 부윤(府尹) 김시진(金始振)이 한 개의 조성원진 판본을 얻자 바로 다시 출판했다.

도광(道光) 연간에 라사림(羅士琳)이 일찌기 한 개의 필사본을 얻어서 세초(細草)를 지었고, 뒤에 도광 19년(1839)에 다시 서점에서 김시진의 인쇄본을 사서 완원(阮元)에게 머리말을 쓴 후 출간하도록 부탁했다.

왕감(王鑒)은 광서(光緖) 10년(1884)에 다시 원본을 살펴보고 자기의 <술의(述義)>를 덧붙여 인쇄했다.

다음과 같이 이 책의 다른 판본도 더 있다.

광서 8년 취육당(醉六堂) 간행본,

광서 21년 상해 저역당(著易堂) 석판인쇄본

강남 제조국본,

측해산방(測海山房) 중서산학(中西算學) 총서본,

고금산학(古今算學) 총서본 등.

이 번의 영인은 원(元) 기해(1299)년 조성원진의 초판본(이 판본은 일본에 현존한다.)을 사용했고 아울러 왕감이 다시 찍고 해설한 조선본을 뒤에 덧붙여 찍었다.

앞의 것이 이 책의 원대(元代) 원래의 면모를 보존하고 있다면 뒤의 것은 왕감의 머리말과 예문, 조선 김시진의 머리말, 완원의 머리말, 조성원진의 머리말, 라사림의 후기를 보유하고 있는 것 외에도 책 안에 나사림과 왕감의 세초와 술의를 보존하고 있다.

---

9) 양주(揚州)를 이른다.

주세걸은 자(字)가 한경(漢卿)이고 호(號)는 송정(松庭)이며 연산(燕山)[10] 사람이고 광릉(廣陵)[11]에 머무른 적이 있다.

주요 저작으로는 『산학계몽(1299)』과 『사원옥감(四元玉鑒)(1303)』 두 책이 있다.

고차 방정식의 해법, 고계 등차 급수의 합 구하기, 고차 내삽법 등에 대해 깊은 연구를 진행했다.

계산할 때 천(天), 지(地), 인(人), 물(物)을 써서 4개의 미지수를 나타내어 대수학에 아주 크게 공헌했다. (좀더 살펴보면, 천원(天元)은 노군(魯郡) 진구소(秦丘韶)로부터 비롯되었고, 지원(地元)은 평양(平陽) 이덕재(李德載)로부터 시작되었으며, 인원(人元)은 곽산(霍山) 유대감(劉大鑒)으로부터 비롯되었다. 주세걸은 물원(物元)을 다시 더하여 천, 지, 인, 물 4원을 처음으로 갖추었으며, 이에 『사원옥감』과 『산학계몽』을 지었다.)

이 사람은 우리나라(중국) 송(宋), 금(金), 원(元) 시기 수학방면의 '4대가' 가운데 하나이다.

완원(1764~1849)은 자가 백원(伯元)이고, 강소(江蘇) 의정(儀征) 사람으로, 건륭 54년(1789)에 진사(進士)[12]가 되고, 서길사(庶吉士)[13]로 뽑혔으며, 산관(散館)[14]에서 첫째였으며 편수(編修)[15]의 직책을 받았다.

소첨사(少詹事)[16]에 발탁되었으며, 건륭 58년(1793) 산동(山東) 학정(學政)[17]을 지냈다.

---

10) 북경(北京).
11) 양주(揚州) 지방.
12) 과거에 급제한 사람.
13) 옛날 한림원(翰林院)의 관명. 진사 가운데서 문학에 뛰어난 사람을 뽑아 한림원에 전속시켰다.
14) 청대의 제도로서 한림원의 서길사가 과거에 급제한 뒤 서상관(庶常館)에서 삼년간 수업을 마치면 시험으로 분별하여 직책을 주는 것.
15) 국사 편찬에 종사하던 사관.
16) 동궁(東宮) 내의 첨사부(詹事府)에 딸린 벼슬 이름.

뒤의 경력으로는 병부, 예부, 호부 시랑(侍郎)[18]을 지냈다.

가경(嘉慶) 4년(1799) 절강성(浙江省) 순무(巡撫)[19]을 대행했다.

가경 10년 부친상을 당해 관직에서 물러났다.

뒤에 다시 하남(河南), 양광(兩廣)[20] 등의 총독으로 임명되었고, 태자소보(太子少保)[21]를 더했다. 도광 29년(1849)에 죽었다.

저작으로는.. 『주인전(疇人傳)』, 『절강통지(浙江通志)』, 『광동통지(廣東通志)』, 『산좌금석지(山左金石志)』, 『양절금석지(兩浙金石志)』, 『적고제종정관지(積古齋鐘鼎款識)』,[22] 『회해영령집(淮海英靈集)』, 『연경실집(研經室集)』 등이 있다.

나사림(1784~1853)은 자가 명향(茗香)이고 감천(甘泉) 사람이다.

감생(監生)[23]으로 관례에 따라 태학(太學)에 추천되었고 시험을 쳐 천문생(天文生)이 되었다.

함풍(咸豊) 3년(1853)에 양주(揚州)에서 죽었다.

저작으로는 『비례회통(比例匯通)』, 『사원옥감세초(四元玉鑑細草)』, 『속주인전(續疇人傳)』 등의 책이 있다.

왕감은 의정 사람으로 행적은 확실하지 않다.

---

17) 중국 청(淸) 시대 제독학정(提督學政)의 준말. 학정원(學政院)이라고도 함. 각 성(省)에 파견되어 동생(童生)과 생원(生員)의 시험을 주관하였음.
18) 육부의 차관.
19) 중국 청대에 총독 다음 가는 성(省)의 행정관.
20) 광동(廣東)과 광서(廣西).
21) 삼공(三公)의 보좌역.
22) 종, 솥, 석기 따위에 새겨진 문자 해독.
23) 국자감(國子監)에 들어가 공부할 자격이 있는 사람.

참고 문헌

경선징 저, 유인영 · 허민 역(2006), 『묵사집산법 천, 인』, 교우사.

김용운 · 김용국(1982), 『한국수학사』, 열화당.

김용운 · 김용국(1996), 『중국수학사』, 대우학술총서 · 자연과학 109, 민음사.

양휘 저, 차종천 역(2006), 『양휘산법』, 동양수학대계 V, 교우사.

이상혁 저, 홍성사 역(2006), 『익산(상편)』, 교우사.

황윤석 저, 강신원 · 장혜원 역(2006), 『산학입문』, 이수신편 제21, 22권, 교우사.

李儼 · 杜石然 저, J.N. Crossley · A.W.-C. Lun 역(1987), 『中國 數學 / *Chinese Mathematics - A concise history*』, Clarendon Press.

孔國平(2000), 『李冶朱世杰与金元數學』, 河北科學技術出版社.

Kangshen, S. · Crossley, J.N. · Lun, A.W.-C. Lun(1999), *The Nine Chapters on the Mathematical Art*, Oxford University.

靖玉樹 編勘(1994), 『中國歷代算學集成 上』, 山東 人民 出版社, 濟南.